博納與蒂娜

漫談宇宙次元

修訂版

光的課程資訊中心

目　錄

序

博納與蒂娜之園地，開始是為了與習修「光的課程」的朋友們，討論種種疑問而在網站上設立的園地。後來，編輯部為了將「光的課程」資料中，一些平常大家比較陌生，容易產生疑惑與不解的名詞或理念，而開闢了這塊園地方便大家討論。

每一篇都是編輯部的成員為了闡述一個主題，參考各種資料彙集而成的。我們以博納代表心胸開闊，能納百川為大海的人，蒂娜純屬對應博納而取的名字，兩者皆代表編輯部的成員。篇篇皆是由編輯部成員逐句修訂出來的資料。

博納與蒂娜（一）是自 2005 年 5 月開始至 2008 年七為止，三年多的歲月中，在網站上所刊登的文章。許多朋友向我們反應，園地中的篇幅，每一篇都是需要反復閱讀的資料，希望我們能將它出版，使不上網的朋友們也能分享到這些資料。因而促使我們將它們付印成書。

2008 年八月以後，我們仍將在網站上繼續發表相關的課外資料。開始時，我們只討論一些簡單的疑問，隨後進入一些專題探討，到了後面，為了瞭解上師們所說的：「你們是多次元的自我，與多次元的自我融合，是你們靈魂的目標。」我們展開了對宇宙次元的探索系列。

目前在這園地上，我們繼續策劃讀書心得分享。未來的幾個月，我們將探討「彩虹橋」這本書。我們在此預告未來的方向，是

為了讓大家理解，博納與蒂娜的園地，並不局限在單一的問題或主題的討論，它也可以探討一整本書，只要那本書有助於大家對自身靈性本質的理解，我們都會以喜悅之情擁抱它。

因此，我們希望能借此機會向所有「光的課程」的同學們表明，光的課程網站是為與大家分享訊息與資料而設立的，我們所做的一切，僅僅是為了拋磚引玉，希望引來更多、更好、更有益於靈性成長的資料。因此，我們竭誠歡迎大家與我們一起為所有「光的課程」的成員，提供更豐富，更美好的資料。

在此，我們願光的課程網站，成為所有的朋友發揮自己的愛與創造力，與別人分享寶貴資訊的平臺。

光的課程資訊中心　編輯部

光的課程資訊中心網址：http://www.courseinlight.info

光的課程網站聯絡信箱：service@courseinlight.info

光 的 課 程 英 文 網 址：http://www.courseinlight.net

情緒的振動頻率

博納：

什麼是情緒的振動頻率？

蒂娜：

Dr. David Hawkins 寫了一本書，叫做 **Power vs. Force**，解釋各種情緒的振動頻率：

- **羞愧的振動頻率是 20**，非常低頻。當一個人經歷著類似失去臉面、不名譽、或感到自己被視為「禽獸不如」的生命體驗時，都會導致羞愧感。

- **內疚的振動頻率是 30**，人們往往利用製造內疚感作為操縱或懲罰的手段。要治癒它，學生必須面對導致內疚的緣由，以及自己何以製造使別人產生內疚感的原因。

- **冷漠的振動頻率是 50**，貧困、失望與絕望顯示一個人處於這種意識層面。當一個人處於這種意識層面時，他會覺得整個世界與前途顯得淒涼暗淡。許多人把這種情緒隱藏在偽裝的快樂或虛假的、一切都很好的表面下。

- **憂傷的振動頻率是 75**，有些人長期陷入在憂傷中，他們為失去的人、事、物感到哀傷，並極其依賴別人。大部份的人一段時間便會恢復，但有些人始終陷溺其中無法自拔。光的運作將可以逐步清理這些症狀。

- **恐懼的振動頻率是 100**，我們都知道許多課程的焦點在於釋放恐懼，也都知道釋放恐懼才能進入愛，但是許多學生無法理解恐懼是什麼。他們一旦以為自己已走出恐懼，便可能做出一些顯示自己是優越的，或對別人傲慢無禮的行為。
- **欲望的振動頻率是 125，憤怒的振動頻率是 150**，這是最高的負面頻率。
- **勇氣的振動頻率是 200**，從這裏開始進入光的正面能量。
- 從 **200 振幅**開始，便是邁向明心見性的旅程，那些振動頻率在 **500 至 1000** 的人，即是上師或化身的導師。

光的運作，可以幫助人們擺脫那種負面的內在感受，這是為什麼光的運作如此地重要，因為它確實可以突破這些狀態，進而產生向上提升與進展的認知與欲望。但這需要一段相當長的時間。當學生逐步走過「光的課程」時，他們自身的頻率將隨之轉化。他們能覺知到自己的意識是否處於正面的頻率中，他們在光與愛中感到自己在一種全新的，自由的感受中。

博納：

自從我修光以來，幾乎都會向上師祈求親密伴侶，但二年多過去了，卻一點親密關係都沒創造出來，怎麼會這樣呢？

蒂娜：

首先要申明的是：「光的課程」是一個靈性成長的課程，不是一個魔術課程。它不會把你的靈魂伴侶放在魔術帽裏，然後像抓兔子般地抓給你。

這課程使我們因成長而改變個人的生命經驗，進而使我們具備創造符合我們的意識與頻率的外在生活。

因此，要改變自己的生命體驗或形態，自己內在心靈需要先達到與所要創造的顯像世界的能力（功德與福德的圓滿），才能具備創造的元素。

當我們踏入這一途徑時，我們的心靈便在成長與改變。我們可以看到自己開始具有改變生活上一些小範圍事物的能力。但較大的轉化，通常要到行星八或行星九，才能進入起因體的意識層面，去調整自己的創造。

這中間還有一個關鍵，就是我們的心靈意識與能量必須要真正達到那個層面，而不是把教材讀過一遍，頭腦知道了就可以做到的。何況很多時候，讀過的資料，頭腦也不見得記得或理解它所說的內在含意。往往是我們回頭再去看它時，才看到它淺顯文字中所涵藏的深遠意義。

同一學校，甚至同一班級出來的學生，有人飛黃騰達，有人窮困潦倒，同一個父母所生的孩子，在同樣的環境中長大，各人對生命的掌握不一樣，因此機遇也就不一樣。

博納：

上了「光的課程」，上師們是否會協助我們實現我們的願望？

蒂娜：

首先要理解的是，「光的課程」是一條修行的途徑，而不是一個法術的運用。上師們只能在我們願意在真理運行時協助我們，如

果我們有違逆真理，他們將無法為我們去除因果的學習課程。當我們的心靈逐漸走向真理時，外在生命自然會呈現出我們內在心識所創造的實相。有人說修行會使業力更快速顯現，然而，如不與靈魂意識整合，無論修行或不修行，都有許多課題出現在我們的生命中。所不同的是：修行的人，可以解決因果的學習，擺脫因果的束縛，從而向前進展；不修行的人，陷入在因果的糾纏中，從而製造更多的因果。

「光的課程」及上師們只能幫助我們體悟真理，以能量為淨化的工具，以便從中走過這些學習課題，達到圓滿。上師們一再說，他們無法去除我們因果的學習，他們只能幫助我們理解真理，走出負面因果的循環。

博納：

光的能量可以運用在那些事務上？

蒂娜：

光的能量可以運用在自己的身體、心靈意識及人際關係的治癒與轉化。

如果仔細閱讀《如蓮的喜悅》中新紀元能量與新紀元法則那一篇，便能理解「光的能量不會也不能用在個人的福利上，只能用在擴展人類的宇宙意識。然而能調整自己的生命意識與能量者，自然會有意想不到的收穫。」然而，隨意掌控能量，巧取豪奪者，或許能獲得一時的成功，但宇宙因果法則的迴力所帶來的後果，無論是從歷史或我們當今的社會，已屢見不鮮。因此，達到平衡與圓滿的

關鍵在於謹守宇宙能量的運用法則，而不是通靈能力或能量運用技巧的高低。

博納：

　　經濟社會的時代，我可以理解靈修課程也得隨著時代進入經濟形式的運作，但有些教師收費很高，感覺很注重名利的得失，是否會妨礙別人對「光的課程」的這一途徑之真實本質的認知？

蒂娜：

　　想以靈性的教導來支撐他們的生活，或滿足自己其他需求的現象雖然存在著，但仍然有許多教師是真正地想傳播這訊息，收取合理的鐘點費與場地費用。也有許多小團體是自己聚合有志一同的朋友來共修。「光的課程」本身純然是一套靈修的教材，它無條件地提供給每一個想探索光的途徑的人，每個人要如何運用與表達是自由意志的選擇。然而，將它做為追求名利的手段與工具的人，確實可能導致需要以更多的學習課題及更長的時間來與自己內在的靈性意識融合。

　　要能夠理解到修行像功夫的磨鍊一樣，是無法以小聰明或投機取巧的方式來達成。要全面領悟光的深層涵意並與之融會貫通，需要一段很長的時間。因為每個人都必須走過種種考驗與學習，並清理與釋放各種負面情緒，才能達到內在的和平與喜悅。

　　許多人在體會到提升與轉化的喜悅時，確實渴望以愛來與別人分享這一途徑，並讓自己在教學相長中繼續成長，他們確實可以點燃了別人內在的光明。只是學生們必須知道帶領的老師也還在學習

與進展中。因為直到他們獲得全面的清理為止，我們無法期望在他們的事奉中，能達到完全沒有羨慕、嫉妒或傲慢的心。然而，我們知道，他們最終也將會理解到自己的狀態。

事實上，這課程中有許多優秀的教師，也有許多受惠的學生。如何理解與吸收這一課程都是神聖的經驗。

因此，這途徑必須讓每個人以自己的方式去表達，那些踏上這一旅程的人，將會各自從中學習到他們的課題。

入門

博納：

　　在「光的課程」中，一直到行星二上師們才為我們舉行入門慶典，那麼在進入行星二之前，我們都還不能算是入門者嗎？

蒂娜：

　　「入門」的層面很多；從靈性上的「入門」來說，每跨入更高意識層面之前，都需要先在身體上、思想上與心靈意識上做好準備，才能正式開始學習來自較高意識層面的教導。因為當一個人開始接收來自較高靈性的能量時，無論是身體、情緒體或思想體系都會改變，為了減低在身心上可能產生的創傷，一個人必須做好接收這較高靈性能量的準備。因此，在這之前的運作只能說是為接收較高能量做準備。

博納：

　　現下我才瞭解何以「光的課程」強調無論一個人的學識或素養有多高，都需要從系列一的準備課程開始。有些門派宣稱他們所傳的法是他們的傳承，要正式拜師，不可以偷學，否則會遭受報應，這是真的嗎？

蒂娜：

　　我不能為其他學派解說他們的道理，只能就我所認知的來談「光的課程」的「入門」。而且這僅是我的認知，你自己還得從中去思索、去理解。

「入門」指的是開啟對自己靈性意識的覺知。當這覺知一旦開啟，便能引導較高層面的能量與力量進入較低的物質層面，使一個人內在的思想意識具體顯現。因此，如果從這個角度來談你剛剛所談的問題，或許可以理解自古以來，一個上師要傳法時都要考驗自己的弟子，看他們的心智是否正常，是否能掌握自己的情緒，內在的陰性本質與陽性本質是否平衡，才會傳特定的大法。

一個心術不正、容易因瞋恨而生報復之心的人，上師自然不會傳法給他。如果這個人因此偷學法術並將偷學而來的法術濫用在不正當的地方，自然要在因果法則中承受自己所造的業，因此我想遭受報應來自因果法則，而不是那一門派的掌門人或那一門派的守護神去報復。

博納：

何以「光的課程」不需要拜師或灌頂？

蒂娜：

因為在寶瓶座紀元的時代中，許多已在靈性上入門的古老靈魂都選擇在這時候投生地球，「光的課程」對許多靈魂而言，更多的是一種溫故知新。這些人的內在對光的本質都是已有一些認知與領悟的人，這一生來是為了完成一些未了的因果，以及為人類的進展而事奉。你不覺得「光的課程」中所傳遞的訊息對你而言是溫馨熟悉的嗎？

當一個人做了回歸光的旅程的決定時，便已在較高次元的上師們的引導中。我認為接受並引導光的能量，就是一種灌頂，與上師們在

內在次元中融合，在光中接收內在的指引，在心靈意識中與他們相互感應，就是一種與上師相應的模式，也象徵著一種拜師的儀式。

博納：

那麼如何評估一個人的程度是否可以進入行星二的入門呢？

蒂娜：

「光的課程」從初級開始就一直在考驗一個人的思想意識，也考驗一個人是否能走過自己內在情緒的波動與振盪。如果仔細觀察，你會發現任何人要進入任何更高級次的意識層面，都會面對一些考驗，不能相應的人自然會另闢蹊徑。可以說在整個過程中，來自較高自我的考驗與評估一直存在著，因此我們不需要去評判別人。我們只需要審視自己有沒有透過考驗，至於其他人的內在藍圖是如何設置的，不是我們的邏輯思惟所能理解。

博納：

我看到的是自己及同學都只知道一個級次一個級次地修下去，但都不知道自己是否真的達到每個級次所要求的意識層面。

蒂娜：

能持續下去，就表示自己仍在自性靈魂的指引中，我相信有此恆心與信心的人，終會與內在靈魂的意願整合。進展往往是在無形的潛移默化中逐步完成的。

事實上，到目前為止，我還不知有誰走過一次就達到每個級次所應有的意識層面，我自己以及我周遭的朋友都是反覆修了好幾次以後才逐漸領悟。學任何東西都要反覆下功夫，心靈的東西更是如此。

博納：

難怪我雖看了行星八的資料，對自己起因體層面的意識也還不能清晰了悟，看了行星九的資料，也沒開啟拙火，看起來都沒有入門呢……這樣下去的話，我即使習修了天使級次，也無法插翅而飛啊。

蒂娜：

如果我們吃了幾把青菜就馬上可以成仙做佛，那麼靈魂又怎能在學習、考驗與試煉中成長呢？人類靈魂在神聖計畫中有著神聖而重要的角色，但需要我們走過特定的成長與歷練才能體會這個的角色的奧妙。「光的課程」有如一張地圖，每個人必需按圖索驥，自己去走過許多成長的過程。

若沒有真正下功夫面對自己，使智慧開到一定程度，就算很認真閱讀資料，也無法達到任何一個級次應有的智慧或意識層面。

拙火沒有開啟，事實上是較高自我對你的保護。開啟拙火是另一個較高的入門階段，需要在一個人已完成生命的體驗及所有的淨化，並在這股巨大能量進入較低體系的各個能量中心點時，能適當地掌握這股能量才會受到啟動，否則很容易造成身心的混淆與傷害。因為當較高能量進入身體時，較低體系中舊有的思想模式、錯誤的信仰體系、情緒裡的障礙都會被這股巨大的電流所粉碎，心智不成熟的人會因無法掌握這種巨大的改變而產生毀滅性的後果。

博納：

天使級次既然是在行星九之後，表示那又是拙火的入門階段後的更高入門階段，是不是表示沒有開啟拙火，就不能修天使級次呢？

蒂娜：

你可以預習天使級次，瞭解它要帶我們進入什麼樣的心靈意識。但是，許多人急於進入天使級次，以為看到資料就可以像天使般地優雅美麗、令人景仰。事實上，天使級次引導我們進入更高的，或更深入內在之光的次元固然沒錯，但也表示我們自身需要隨著達到更高的意識層面。因此，還是如前面所說的，如果自己沒有做好準備，即使看了資料及教材中所立的意識標竿，對我們只是可望而不可及，不具任何意義，那麼閱讀過的人與沒有閱讀過的人，內在的心識與外在的形象就沒什麼不同。

博納：

光是要達到前面系列的意識層面就夠我一再重修了……看來我這一生就別想修到天使級次了……

蒂娜：

要有信心，也要有前瞻性。不要好高騖遠，但要能高瞻遠矚。Toni 雖在十多年前就有天使級次的初稿，但真正完成卻是在她開始傳遞這套教材之後的三十年，直到最近，才把天使級次完整地修訂出來。也就是說她本人即使是一個靈媒，自身也同樣需要逐步成長，才能把資料更完整地傳遞出來。

博納：

能請你預告一下，若要進入天使次元，需要達到什麼樣的意識層面，才能入門呢？

蒂娜：

　　有五個原則可以讓你隨時掌握與反省，這些原則都能達成的話，就能實現天使聖團的意願與本質：

　　1. 你要能放下名利得失之心，無條件地事奉。

　　2. 對發生在你生活中的事物，你要能向內探索這些事物所要帶給你的是什麼樣的學習課題。

　　3. 面對挑戰時，你要能謙卑地請求聖靈協助你以無條件的愛與神聖意願，賦予你較高力量與勇氣來走過它，並轉化負面的因果。

　　4. 相信無論何時何地，你都在光中。

　　5. 每一時刻都在無條件的愛中，沒有批判。

博納：

　　My God……要是修到那麼一天，我一定離地三尺了……看來，我現在還是不要想太多，只要將每個級次的入門智慧慢慢理解就好了……只是我們到底應在同一級次上一再重修呢？還是蒙頭一路走到底，再回頭補修呢？

蒂娜：

　　正如我前面所說的，每個人內在藍圖的設計不同，不是我們可以評定審核的。因此，你必須依你自己的感覺走。在我所見到的同學中，無論是在美國或在台灣，這兩種模式都有人選擇。我想儘管過程不一樣，最終的結果是一樣的。當然，在共修團體中由於是團體的關係，我們可以理解每個帶領的老師會有不同要求的必要性。是否願意接受帶課老師的建議，便在於學生的內在感覺與緣份。

光的語言

博納：

　　行星七稱圖形與密碼是光的語言，那是什麼意思呢？

蒂娜：

　　所謂光的語言是一種來自較高次元——也就是第七次元所要傳遞給我們的那些含有大量的多重含義的思想能量。可以說是較高存在與地球上光的行者之間的溝通工具。每當光的行者讓心靈意識下載代表光的語言的圖形或密碼時，內在知曉與視野將更為清晰。宇宙神聖計畫便得以向靈魂顯示。透過抽象圖形，光的語言便經由行星網絡注入人的潛在意識中。

博納：

　　下載圖形與密碼？好像電腦下載軟體一樣嗎？那這些圖形與密碼下載在我們身上，將會產生什麼作用呢？

蒂娜：

　　它會強化並擴展我們的靈魂光體，使我們獲得來自較高層面的思想意識，幫助我們理解各種不同的實相，為進入第五次元做準備。

　　通常，大部分的人會透過書本、老師的教導、媒體的傳播和個人的經驗來學習較高層面的思想意識，只有少數修行者學會運用光的語言這一管道獲取來自較高次元的真知。

博納：

　　在行星七中我們看到了十二個圖形與密碼，還有其他的圖形嗎？

蒂娜：

　　世界上很多宗派都有他們象徵性的圖形，有人把它稱為「曼陀羅」。

　　「光的課程」目前只提供給我們這十二個圖形。原先只有十一個，最後一個鑽石水晶光是最近才增加的，因此，我相信在我們進展的這一階段中，這些圖形已足以幫助我們的提升，並協助我們邁向靈魂的藍圖。

　　事實上，幾何形體也是一種圖形或光的語言，無論它是圓形、三角形、金字塔形、心形、螺旋形、星形或其他以藝術來表達的形式，都可以是一個圖形或光的語言。因此，可以說從行星一的「彩虹橋」開始，到後面的「三角形」與「光的金字塔」的能量運用，上師便一直在給我們由各種能量組合而成的圖形或光的語言。我想重點不在我們得到多少圖形，而在個人對這些能量的接受能力，以及自我改變的意願。

博納：

　　我們怎樣才能知道，一個人是否具備了接收這些圖形或光的語言的能力？

蒂娜：

　　如果一個人尚有許多批判、恐懼與疑惑的障礙，或生命中尚有許多未了的因果，便無法全面擷取這些能量所賦予的獻禮。因為光的語言只能在一個人的靈魂能量與高頻率和諧共振時才能產生效應，縱使你擁有很多或很高的知識，如果心識裡尚有許多障礙，無論你多麼渴望獲得較高真知，或進入較高次元，你依然無法跨越你自身所設的障礙。這就是為什麼「光的課程」要求每一個人從初級開始清理自己的身心意識，因為它是接收行星級次的能量基礎，而這些淨化因無法以腦意識來完成，所以更顯得重要。

博納：

　　這麼說埃及的大金字塔就是地球上一個具體的圖形囉？那我們如果親自去那裡，不就可以直接得到這些能量的加持了？

蒂娜：

　　不只是大金字塔，一些圓頂或拱形建築物，或一些藝術品，都具有平衡與穩定地球能量的功能。然而，回到思想引導能量的法則上，透過我們對宇宙中種種原型（archetype）的冥想，來接收並應用它的能量，這些象徵性圖形的頻率便能提供我們改變自己，進而改變地球磁場所需的能量。

　　每一種不同架構的圖形能量都能貫穿各個次元，透過這些形式所產生的能量，歸納起來不外乎就是光的能量。這也就是光的能量得以在各次元間產生互動的原因。

祈禱／肯定語意與顯像創造

博納：

　　上次討論靜心冥想時，你說我們要改變習氣或舊有模式，只要保持覺知，覺察到自己陷入在舊有模式中時，就把它放在光中，祈求讓自己獲得更新與轉化；這樣一來就不會在對抗的掙扎與痛苦中。那麼我們需要每天也做一次祈禱嗎？它能取代靜心冥想嗎？

蒂娜：

　　祈禱（Pray）與靜心冥想都是使生命達到安寧與和諧的一種模式。你可在靜心冥想時祈禱，但兩者之間有些不同。「祈禱」是對上天的懇請與感恩，「靜心冥想」則是傾聽上天的指引，兩者都是我們與宇宙天父的交流與溝通，就像一個孩子與一個深愛自己的父親之間，既需要向父親表達自己生命的願望，也需要傾聽父親的教導與指引，這種和諧的雙向溝通是一種最完美的關係。

博納：

　　但我常覺得自己無法說出優美的祈禱文。

蒂娜：

　　任何心念的傾吐都是一種祈禱。全在的天父任何時候都可以聽到你的心聲，祂既不會要求你一定要到教堂或正式場所，也不會要求你有一個美麗的措詞，無論你的宗教信仰是什麼，或是你沒有任何宗教信仰，只要你有一顆虔誠的心以及美好的願望，祂都會回應你。

博納：

　　我有朋友幾年來每天都在祈禱成為富翁，卻一直沒有實現，難道天父沒有聽到他的祈禱嗎？

蒂娜：

　　前兩天我正好看到一本 2005 年四月份英文版的讀者文摘，提到由一個另類醫療的研究機構在兩年內花了六百多萬美元做了一份研究調查，調查結果顯示，在五千六百份的問卷中，百分之四十一的人發現他們的祈禱獲得應驗。文中並指出，許多沒有獲得回應的是一些不符合神的旨意的祈求。我想這指的是不符合靈魂為成長所設置的藍圖。

博納：

　　意思是說，在他靈魂這一特定的進展階段中，成為富豪對他的成長並沒有任何幫助囉？

蒂娜：

　　我不知道他的靈魂設計，只能說我們所祈求的，必需符合靈魂的意願。而靈魂是造物主的共同創造者。福祉、安寧、和平與快樂是造物主賦予所有靈魂的禮物。因此，為自身或家人、朋友的健康、平安與快樂所做的祈禱效果，往往會比為較低的慾望祈禱更能獲得回應。

博納：

　　那麼肯定語（Affirmations）與祈禱之間有所不同嗎？

蒂娜：

　　肯定語是我們表達自己對參與生命創造的意願，這種意願所產生的頻率像祈禱一樣，將加強我們在現象界中創造顯像的力量。肯定語的正面頻率，將能幫助我們轉化我們意識或潛意識裡舊有的負面思想所形成的障礙。

博納：

　　在「光的課程」中只有初級的第二級次有一些肯定語，然後就沒有了。為什麼不多給我們一些肯定語句呢？我覺得要去想一些肯定語句比祈禱還難，感覺像國小時老師要我寫作文一樣，要絞盡腦汁，傷透腦筋呢！

蒂娜：

　　整個課程的所有級次、所有上師們的訊息中，如果你用心一點就可以發現，幾乎句句都是他們給予我們的肯定語句，這就是何以有些人覺得習修這一課程，雖然好像沒有學到什麼深不可測的哲理或學問，但不知怎麼地，內在心靈與外在生命就在不知不覺中轉化了。因為他們給我們的訊息中，充滿了具前瞻性的肯定語意與鼓勵。

博納：

　　唉！我真是個死讀書的書呆子，怎麼就沒想到做個文抄公就好了呢？把訊息中對我們的肯定語句，改成自己的就是了嘛……

蒂娜：

　　現在知道還為時不晚，你可以重頭開始，把課程中適合你的句子改成你自己的肯定語句，不就是靈活應用了嗎？真的，只要

懂得把它用在自己身上,那些淺顯的句子事實上充滿著轉化的玄機呢!

博納:

只要我們祈禱,運用肯定語,就能創造顯像(Manifestation),那不是每個人都能心想事成了嗎?可是事實上並非如此啊!

蒂娜:

這基本原理是建立在宇宙法則上的。你剛才講的原則是沒有錯,只是要使我們的思想意願確實在顯像的世界中具體顯現,自身必須要達到一定的條件,或者說具有一些能力。

博納:

什麼條件或能力呢?

蒂娜:

首先,要能認知在你所祈禱或渴望創造的事物中,那些是你所需要的,那些是你所不需要的慾望。當你的需要符合你的靈魂設計,能為你的生命帶來平衡與和諧時,它才能具體顯現。你想,如果我們為自己的貪、嗔、癡而祈禱,宇宙天父或你的較高自我會答應你嗎?

博納:

這與讀者文摘中所講的是同一個意思。所以我們需要先清理、淨化自己,並傾聽內在的指引。

蒂娜：

　　你的心靈意識愈是能與光的較高意識融合，愈能把焦點凝聚在光的能量的運作上，你就愈能將它具體顯現。因為這時的你是在與較高自我的共同創造中，而不是在較低自我的驅使中。

博納：

　　是的，現在我終於比較能夠看到較低自我的種種慾望，但什麼是靈魂的慾望與設計卻還是很模糊。

蒂娜：

　　這就是為什麼我們需要在光的運作中，在祈禱中，祈求讓我們能揭開那層罩紗，並有足夠的智慧去認知與領悟。

博納：

　　原來，在認知與領悟中配合肯定語句的運用，我們將能使一切至善至美的事物顯現在地球上或在我們的生命中。可惜太多人不知道這點。

蒂娜：

　　要確實體悟到這些並能具體實現，是需要有一定福報的人。因此，你自己理解就好了，否則一般人會以為你是不可救藥的樂觀主義者，或者是一名盲目的宗教狂。再說，在實踐的過程中還要能夠專注、心不散亂，這條件就不是一般人能做到的。

博納：

　　我知道你要告訴我，在「光的課程」中，對光的觀想與冥想，就是在訓練我們達到這種能力。

蒂娜：

　　你最近好像開了不少智慧嘛！那你的祈禱與肯定語意，肯定越來越有料囉！

靜心冥想 Meditation

博納：

　　我學靜坐的目的是要把心靜下來，卻發現靜坐時的心，比不靜坐時更亂。

蒂娜：

　　不是更亂，而是你不靜坐的時候，不知道自己的心有多亂，靜下來時才有機會知道自己的心有多亂。

博納：

　　為什麼會這樣呢？

蒂娜：

　　就像家裏很亂，但你往往忙著外務，看不到家裏的亂，只有當你有時間去看家中的情況時，才會看到它的亂。所不同的是，心靈意識是一種具有活動力與創造力的能量，不像物件那樣擺著不動；心靈意識是一股流動的能量，無論你是否去注意它們，它們都在運作，只是你的注意力在其他事物上，不知有這股動力在運作著。事實上，它是一股巨大的暗流，你越是不去注意它，它越要想盡辦法使你去注意它的存在。

博納：

　　它會用什麼方式讓我去注意它呢？

蒂娜：

它會在你生命中製造一些現象，迫使你向內探索或反省自己的內在心識，為的是推動你靈魂的成長。當你一旦領悟了、提升了，這些現象自然會轉化。

可惜很多人不理解生活中的一切都是自己心靈意識所創造的實相，面對考驗與挫折時，不是怨天尤人，便是將這些現象歸咎於命運而逆來順受，有的則是頑強抵抗，投機取巧，以欺騙或豪奪來逃避或滿足自己的較低欲望。

值得注意的是，無論是心存怨恚的逆來順受或巧取豪奪，都會使我們陷入在負面的循環中，無法解脫各種煩惱與痛苦。

博納：

那我如何對付自己那亂成一團的心呢？

蒂娜：

不要「對付」任何東西，包括自己的小我（EGO）或思想。任何批判或壓抑只會引起更大的反彈。「光的課程」強調的是提升與轉化，因此，你只要靜靜地看著它們的起落，知道它們只是一些小我的妄念，將它們放在光中。不要念上加念，以免產生更多妄念，只要在祝福中讓它們自然消失。開始時一定是各種念頭此起彼落，不容易入靜，慢慢練習，告訴自己要有耐心，不要批判自己做得好或壞，否則又是一種妄念。

博納：

睡著了怎麼辦？

蒂娜：

　　剛開始靜坐的人，都會昏沉想睡，在「光的課程」中，我們對初學的人不鼓勵硬撐，如果想睡就放鬆地睡，只要在光中，潛意識便會自行運作。

　　我們認為打開自己是最重要的，「允許」光的能量在自己整個存在中運作，當你的身體與思想意識獲得清理之後，你的身心自然會進入清晰與寧靜的狀態中，這時靜心冥想便不會是一件痛苦的事，而是一種喜悅；因此也就不會一靜坐就昏沉想睡，當你到達這個階段的時候，就可以用禪坐的姿勢靜坐了。

博納：

　　妳用「允許」這兩個字有點奇怪，妳在強調什麼嗎？

蒂娜：

　　我們人類被賦予自由意志，根據宇宙法則，任何事物即使是神聖的光或神性意識，都需要經由我們自由意志的選擇後，才會開始與我們產生連接。因此，你首先要迎接這神性意識或能量，並允許這股意識能量與你融合。

博納：

　　那需要多久的時間才能達到這種清明與喜悅？

蒂娜：

　　每個人不同，依各人的意願、心性本質、與用心的程度而定，沒有一定的公式。

博納：

　　靜心的時間有規定要多久嗎？

蒂娜：

　　這也是要依每個人的情況而定，通常有紀律地每天在同一時間做短時間的靜心，會比隔好久才做一次長時間的靜心冥想，會有更好的效果。許多「光的課程」的同學發現一天十五到二十分鐘的靜心冥想，就已能在身心上產生很好的效果。

博納：

　　「光的課程」所安排的靜心冥想的次第有特定的意義嗎？

蒂娜：

　　首先，呼吸使我們與「氣」－這來自較高自我的生命之源連接。然後藉由引導把焦點放在光的能量的運作上，這同時也訓練我們能置心一處、專注不散亂。

博納：

　　在「如蓮的喜悅」一書中，提到專注是通往最高智慧的方法，禪定也是以專注為基礎，達到淨化自己心識的效果。

蒂娜：

　　是的，在「光的課程」中，引導我們專注在光中，讓自己身體的每一部份都充滿光，煥發光芒，如果能這樣專注一段時間，一個人的思想意識自然會擴展，因為光是一種智慧、一種語言、一種淨化工具，持續地運作，無論在意識層面上我們是否覺知到這些轉化，它仍然會使我們的身心進入擴展與更新之中。

博納：

　　偶爾我也能隨著這種程式進入較深的冥想中，有這種狀況的時候，當冥想一結束，確實就感到自己對較高意識有一些領悟與體會。對周圍一些人、事、物的主觀與偏見也就自然化解，不需要刻意壓抑自己的感覺了。這就是所謂的輕鬆與解脫吧！

蒂娜：

　　修行是不進則退，如果你以此為滿足，這些感覺將只是「一時境界」，你很快又會被尚未完全淨化與轉化的習氣所控制，回到原本的狀態中。

博納：

　　唉……，習氣啊……習氣……，習氣怎麼就那麼難改呢？

蒂娜：

　　在「光的課程」中稱為舊有模式，我們只要保持覺知，覺察到自己陷入在舊有模式中時，就把它放在光中，祈求讓自己獲得更新與轉化，你就不會在對抗的掙扎與痛苦中，你的心自然就不會亂了。

電磁柵與光的網絡

博納：

　　行星課程的靜心冥想裏有所謂的「光的網絡」，這和傳說中的
亞特蘭提斯裏的「電磁柵 electromagnetic grid」是一樣的嗎？

蒂娜：

　　根據資料顯示，亞特蘭提斯時代由於精神文明的進展，他們確
實運用一種電磁柵，使地球的頻率能與較高次元的頻率連接。亞特
蘭提斯結束之後的一萬年，人類的進展又即將達到與那精神文明幾
近相同的時代。因此，較高次元的頻率又開始可以進入地球，人類
又可以透過這環繞著地球的電磁柵或光的網絡取得較高的訊息。

博納：

　　那個時代稱為電磁柵，現在稱為光的網絡，上師們的觀念真夠
超前的，在 1970 年代就用 2000 年的 E 世代語言與我們說話。

蒂娜：

　　可不是嗎？從他們的時空看我們的時空，就像我們看池塘裡的
魚一樣，可以看出這群魚的前進方向，但有些改變速度與方向的種
種因素，就不是他們所能預測的，然而，宇宙真理是永恆不變的，
所以他們的教導也是亙古常新的。

博納：

　　我們為什麼要練習進入光的網絡呢？

蒂娜：

　　光的網絡是為了讓人類得以與較高次元的思想意識連接而建立的。較高次元透過這網絡向我們發射含著較高智能的訊息，我們進入網絡接收訊息。就像我們用電纜（cable）上網搜索各種資料一樣。

博納：

　　但從行星課程中，我看到上師們帶著我們進入網絡，很多時候是為了要我們把光送到世界各地，跟我自己本身好像沒有特別的關係吧？

蒂娜：

　　其實，在網絡中運作會有很多功能同時發生。他們只是簡單地告訴我們，當我們為世界上的其他人或其他區域傳遞光的同時，我們自身也同時從這能量中獲得提升、清理與淨化。

博納：

　　聽起來好抽象喔，可不可以講白話一點？

蒂娜：

　　就像一座燈塔在照亮漁船之前，自身會先被點亮一樣。只要你願意幫助別人尋獲光明，你也會獲得宇宙的加持而發光發亮。只是，你不能因為私心而在燈塔上為自己的名利打廣告，否則這宇宙的能源終究會被切斷，因為汲汲於個人私利的意圖，很可能會對茫茫大海中的漁民造成心智的誤導。

博納：

　　這樣我就懂了……我覺得上師們似乎太高估我們了，像這麼重要的觀念卻只點到而已，也不一次說清楚，這樣豈不是很容易忽略其中的玄機嗎？

蒂娜：

　　在「光的課程」的教導體系中，上師們似乎刻意要避免給予我們太多理論，目的是要我們透過能量的運作，直接契入心靈。就像一群人在黑夜中，需要光來看清周遭的事物，你只要告訴他們電源的開關在那裡，如何把燈打開，他們即可停止摸索，你既不需要替每個人做他們自己可以做的事，也不必把整套電的原理都告訴他們之後再開燈。

博納：

　　修行真的是要上智或下愚的人比較能有所成就。像我這樣中等資質，沒有足夠悟性去參透天機，K 了不少書，還是摸不著邊際，真是麻煩。我知道我只要依法修行，沒有這些知識，一樣可以達到清理、淨化、平衡、整合的功效。然而，知識只是滿足我頭腦的需求而已。頭腦塞滿了知識，不一定就能達到心靈的進展，但我仍禁不住好奇而去鑽研一些原理與哲理。

蒂娜：

　　不要批判你自己，八萬四千法門，就是要順應不同心性的人。世界上也有很多不喜歡在理念上打轉的人。因此有人從法入手，有人從理入手。從法入手的人，也會有磨磚做鏡的時候。因此，法理

並進是一個很好的模式。同時，這個時代的人，似乎比較偏重於理性的探索，因此市面上充滿了各種知識與理論性的書籍。但像「光的課程」這樣，以一套法門逐步引導我們深入內在的自性，相對來說就比較少。

博納：

是啊，在這知識大爆炸的時代裡，當我需要滿足頭腦的需求時，幾乎隨手便能找到我所需要的各種論述的書，所以當我看到有關亞特蘭提斯的電磁柵時，便聯想到光的網絡。

蒂娜：

書上是如何描述亞特蘭提斯的電磁柵呢？

博納：

那時代的「電磁柵」在地殼的下方，是調整地球磁場，並連接著大宇宙（Macrocosm）與小宇宙（Microcosm）的工具，也可以說是地球與宇宙法則連接的工具。而含藏著愛、和平與豐足的能量元素就是透過這電磁柵輸送到地球上，與之連接的人，便能從中獲取這些元素。

蒂娜：

是的，在這個時代，由於人類的精神文明已進展到相當於亞特蘭提斯時代的水準，因此，也愈來愈多的靈魂選擇走在光的途徑上，較高次元的存在們便在地球上重新佈署一個新的「電磁柵」，但這次是在地球的上方。

　　我們學習「光的課程」的所有努力，就是期許自己能達到較高頻率，並與其他能與較高自我連接的人，一起進入這溝通的網絡。光的網絡可以說是一個加速人類進入五度空間的高速公路網。

博納：

　　如果人們又像亞特蘭提斯時代的人那樣誤用能量，是否會再次經歷沉淪的後果？

蒂娜：

　　由於亞特蘭提斯的經驗，使得較高存在們將這一次的高頻率工具，只提供給那些已提升並淨化到較高意識與頻率的人。真正意識已達到高度進展的人，自然不會有自私、貪婪或傷害別人的行為；而在較低意識層面的人，則無法啟動這些工具。

博納：

　　如果人類的整體頻率不提升，那又會變成什麼情況呢？

蒂娜：

　　如果整體頻率不提升，還是會延誤地球及地球人類的進展，因為這之中有一個臨界量的問題，這就是為什麼我們需要將光的訊息傳遞給渴望提升與轉化的人。

博納：

　　我懂了！原來傳遞光的火炬、光的訊息，或只是靜靜地成為一個燈塔，不但是幫助別人，事實上也等於在幫助自己的進展呢！這叫做「己欲立而立人，己欲達而達人」吧！

豐足 Abundance

博納：

　　有件事我一直想不通……那就是既然一切眾生是平等的，何以有人富可敵國，有人卻一貧如洗？

蒂娜：

　　眾生平等指的是宇宙所有生命的本質皆出自同一來源，生命的本質是平等的。至於每個生命在宇宙中的旅程，在地球這所學校的學習與遊戲規則中所經歷的，便會因不同的選擇產生不同的因緣，而有不同現象的呈現。在過程中看似不平等的現象，並不代表靈魂本身是不平等的。

博納：

　　那麼歸根究底就是各人因果嗎？難道這一生就無法改變，只能修來生了嗎？

蒂娜：

　　應該說是因緣的關係，也就是人生在世的因果與緣份。若要深入探討因果的緣起，佛家的十二因緣就講得很清楚。在「光的課程」的設計中，如果你真的修到行星八應有的意識層面，靈魂起因體中的許多元素本質，自然會顯示給你。

博納：

　　我的智慧還沒開到可以確實瞭解或體悟佛經的十二因緣。從「光的課程」入手還要修到意識層面達到那級次，才能理解因緣的本質……，對我現在來說，真是遠水救不了近火啊！

蒂娜：

　　事實上，並不是一定要修到行星八才能理解自己靈魂起因體的意識活動。有些人在這之前就已有所領悟，有些人則要更久的時間。現在，既然你如此急迫，我們就再試試看，還有沒有其他可以讓你瞭解的方式。不過因為我們已淺談過因果或靈魂層面的選擇，現在就讓我們單純地從個人的意識與潛意識的顯像創造來談吧！

博納：

　　好啊，這將使我得以從另一個切入點去理解，從另一個角度來幫助我提升轉化自己的意識與潛意識或許不必等到來生，我今生就可以創造豐足了。

蒂娜：

　　從意識層面或潛意識層面上來說。我想許多人在意識層面上，早已忘了自己本身具有創造自己實相的力量。

博納：

　　「光的課程」從一開始就在告訴我們這一點，我早就知道我具有創造我的實相的力量，但就是沒有信心，還是會害怕自己那一天可能會面臨病痛、貧困、孤苦無依等種種情境。

蒂娜：

這種恐懼只會削弱你的創造力，增加它成為實相的可能性，因為「恐懼」是一種吸力極強的磁鐵。你沒發現你愈是恐懼的事物，愈會發生？

博納：

的確是⋯⋯但有些意識是一種深層的，無以名狀的，很難理出一個所以然來。

蒂娜：

沒錯，我們有許多意識是與生俱來的。恐懼便是其中之一，它可以說是一切較低的負面思想與行為的起因。如果我們能看到自己的恐懼，我們就能治癒並調整自己。問題在於我們是否願意去面對，因為大部份的人是不會願意承認自己是怯懦、軟弱的。

博納：

內在深層的恐懼需要自己一步一步去面對。我倒是沒有在意識層面上要把自己包裝成勇敢的武士，只是不知道自己潛意識裡有許多恐懼而已。現在，在光的運作及肯定語的應用中，我進行了許多的清理與調整，感到自己正在逐漸清除許多恐懼意識。只是除了恐懼之外，必然還有其他元素吧！

蒂娜：

在「光的課程」中，上師們說我們之中許多人都是好幾生、好幾世的修行人。在雙魚座時代無論是東方或西方，在各大宗教的傳承中，幾乎都有一些共同理念，那就是：金錢會產生罪惡；財富是

榨取別人而來的;貧困是神聖的;上帝眷顧貧困者;富人無法上天堂等……。這些理念深藏在許多人的細胞意識裡,以致障礙了個人創造的潛力與機緣。

博納:

我想起朋友傳給我的一篇文章題目是:「不只是幽默,根本就是哲理」。

描述父子二人經過五星級飯店門口,看到一輛十分豪華的進口轎車。

兒子不屑地對他的父親說:「坐這種車的人,肚子裡一定沒有學問!」

父親則輕描淡寫地回答:「說這種話的人口袋裡一定沒有錢!」

看來真的不只是善惡因果的問題,而是對財富的觀點,有著需要調整的地方。

蒂娜:

人類往往會受到特定時代與特定區域所影響而形成某種群體的思想與理念。捨世間財富,過著清教徒或沙門式的生活,這是靈魂成長過程中一個必要的過程,因為不執著於物質世間的事物,使人得以專注地學習一門宗派或一條靈修途徑的教導。即使在今日,對一些選擇如此過一生的靈魂來說,也還是有一種平衡與學習的作用在其中,我們不能批判做這種選擇的靈魂,一樣要盡我們所能地、有智慧地予以協助。

博納：

　　有智慧地協助是一大挑戰。我得回頭重新品味我們在談福德時所討論的一些重點。現在讓我們回頭談豐足意識，這些經歷與這一世的富足之間有著什麼關係呢？

蒂娜：

　　雖然許多人已進展到他們的靈魂所設計的是要在這一生從入世的生活中展現生命的豐足與完美，但在內在卻仍保持著清教徒或沙門的意識，這在無形中便障礙了他們的豐足意識。然而，一些已走過這些體驗與平衡過程的靈魂，正逐漸領悟到宇宙是豐足的。人可以在富裕中過著具有靈性的生活，因此他們也開始生活在豐衣足食之中。

博納：

　　所以我們首先要選擇相信「宇宙是豐足的」這一信念。任何局限性的思想，都會使我們產生匱乏。只要我們在宇宙法則中，按遊戲規則去創造，我們便不虞匱乏。也就是說我們先要具備「我是豐富的」這種繁榮意識（prosperity conscience）。

蒂娜：

　　基本理念是這樣；但說到具體顯現，你必須對繁榮意識的真正含義要有正確的認知。

博納：

　　怎樣去獲得正確的認知呢？

蒂娜：

　　行星七的圖形與密碼中有一個豐饒角的圖形與密碼，透過對這圖形的觀想與運作，圖形中光的能量與語言會引導你做轉化。在這之前，有一個很實際的理念是你需要瞭解的。

博納：

　　什麼理念？

蒂娜：

　　你不能無止境地貪婪或執著在物質層面的滿足。要清楚地知道，你追求金錢的目的不是為了物質的享受，或滿足你的驕傲之心，而是為了使自己的生命平衡，或為了避免為基本生活所需而勞累不堪，致使你無法朝著更高的精神意識進展。

博納：

　　是的，我看到許多人無止境地追求財富，精神生活卻是貧瘠的，因此，當他們失去工作或財富時，就很容易陷入精神崩潰的狀態中。

蒂娜：

　　要能感激自己所擁有的。這種對宇宙上天的感恩，將使我們得以從宇宙中獲得創造的力量。因為上天不會把你所要的東西憑空從天上掉到你手中，他只是賦予我們一切創造所需的元素本質與機緣，我們從中與他共同創造物質的顯現，以豐富我們在地球的生命。

博納：

　　是的，每當在我不如意，並祈求一個改變的機緣時，如果我先對我所擁有的表示感恩，似乎總能在寧靜中覺察到我周遭的機會，並獲得從中創造的力量。

蒂娜：

　　另一種表達感恩的模式是，當你付款時，如果你能感謝你所買到的東西及所得到的服務，你便能感受到生命所賦予我們的，這種感恩之情，時常使我們感到清新愉快。

博納：

　　我發現在歐美國家，一般是付錢的人對服務的人表示感謝，似乎他們比我們更懂得其中的道理。

蒂娜：

　　除了內心的感恩之外，你也要能為別人奉獻與付出，才是真正具備了豐足的意識。你所給予別人的幫助，你為自己、為人類成長所付出的、所給予的，都將成倍地，以不同的模式，從不同的管道中回到你自己的身上。

博納：

　　我希望「光的課程」中那宇宙聖愛的能量成倍地回到我身上，因此我希望能回報它以完成能量的循環，同時使自身及能量都在一種平衡的狀態中。但「光的課程」不接受捐款，我如何奉獻與付出呢？

蒂娜：

回饋的模式有許多，金錢的捐獻只是其中的一小部份。「光的課程」的先驅者們，希望引導大家把焦點放在確實參與新紀元的能量運作中，為避免大家以為花錢就有功德的想法，因此有著不接受捐款的原則。但是我們歡迎所有認知這途徑的人，將光帶給每一個人，帶到每一個角落。

博納：

沒有錢怎麼做這些事呢？

蒂娜：

進展是要靠地球的意識與頻率的整體提升，不是個人以急迫的心就可以達到的。我們只瞭解宇宙是永恆的，靈魂生命是永恆的，如果我們讓這火炬代代相傳，我們每一生回來都在自己生命的途徑上繼續接棒，身體力行，體現光的意識與能量，自然能使地球達到進入五度空間所需的振幅。

博納：

這是一種遠大的視野，你能更具體地告訴我現在的我應如何與「光的課程」的奉獻與付出連接嗎？

蒂娜：

你可以在生活上表達對它的感激。確實地以上師們的教導為生活準則是一種模式。為了有效地傳播它的真知與智慧，或引導別人對這一途徑有正確的認知而奉獻出你的時間、精力與智慧時，你便是在奉獻、服務與付出。

博納：

　　有時我會買幾本書送人，但我總是感到這種奉獻與付出好像很渺小，微不足道。

蒂娜：

　　你的較高自我自然會讓你知道，在你的靈魂設計中或在各種可能性中，還有什麼你可以做的事。但你先要有一個正確的理念，那就是：愈是不著痕跡，不為人所知的功德，在上主眼中愈是偉大，因為你不是為了彰顯自我而付出。當你越能夠完全無私的付出時，豐足的力量自然就越能回應到你的身上了。

福德 Fortune

博納：

　　談到因果，不免想到有些人天生就很有福氣，一生都能逢凶化吉，有些人卻處處碰壁，只能接受自己沒有福報的事實，難道說福德是一種不可轉變的因果嗎？

蒂娜：

　　有福報或沒有福報是一種因果的顯現，但它不是單純的一對一，或一加一等於二，而是在一種錯綜複雜的轉化中呈現出來的，況且，一個人內在的思想意識，以及做一件事時內在的起心動念，也扮演著關鍵性的角色。因此，一個人在福德上的因果是可以改變的。

博納：

　　這麼說福德所反映的不只是一個人的行為，也反映著一個人在多次元存在中的多次元思想理念。但完美的思想理念需要一些靈魂的歷練與時間的冶煉，才能臻至完善。你現在有沒有一些具體的方法可以讓我增加福德，又不會耗盡我所累積的福份呢？。

蒂娜：

　　我不能告訴你要具體做些什麼，才能增加你福德的存款簿。但作為光的行者，我可以告訴你的是，當你的磁場與光的較高頻率融合時，或當你的身體、心智與心靈提升到宇宙心識的較高層面時，你自然會在擴展中獲得你在地球生命中所需的資源。

博納：

是不是只要坐著發光就行了？

蒂娜：

讓自己成為宇宙能源的轉發站，向世界各個角落「放電」，是一種給予，但這只是其中的一部份，另一部份是實踐。當你開始履行你出生地球之前與靈魂之間的合約時，你的「出差費」也會源源不絕地提供給你。

博納：

原來我們是來出差的，所有人都是嗎？

蒂娜：

基本上每一個靈魂都有他們降生地球的使命，不一定要有出人頭地的顯赫功蹟來倍受矚目才叫做使命。默默完善自己，平衡了結自己的因果業力也是一種使命。為家庭或為社會培養優秀的後代，完成宇宙生命的延續也是一種使命。只要是符合自己靈魂設計的活動，即是在完成與靈魂之間的合約。

博納：

能完善自己與平衡自己因果，在我看來就很了不起了，但我覺得會踏上光的途徑的人，必定還有一個把光帶給別人，或以光照亮別人的共同使命。

蒂娜：

對我來說，這是一體兩面的事，唯有這樣才能相輔相成。否則很容易被地球五花十色的幻象所迷惑，忘了與靈魂之間的「合約」，

致使資源被中斷。資源不僅指物質上的，也包括精神上的，當心靈得不到宇宙能源的滋養時，也可能導致各種精神上的疾病，或不同程度的神經系統或官能上的症狀。

博納：

那我得趕緊知道我的合約或我的使命是什麼，妳能告訴我嗎？

蒂娜：

不，每個人必須在自己的內在指引中，在與較高自我的融合中瞭解自己這一生所要完成的是什麼。即使你想透過靈媒去問，上師們也不會很具體地告訴你什麼是你的使命，因為他們不會也不能剝奪你發現探索與創造的喜悅。我只能告訴你，與較高自我、神聖旨意連接，將帶給你安寧、和諧與圓滿的生命。如果你選擇順從小我的意願或以自己的意志在世間漫無目的地遊蕩，那麼你就有可能要從一連串的幻滅中去領悟人世間七情六欲的虛幻。這不是懲罰，而是為了使你得以浪子回頭。

博納：

以我目前的程度，實在很難理解你說的；聽起來好像是學習慷慨付出，能給別人多少就盡量給……，這樣就不會錯了？

蒂娜：

不，如果你不審視你的起心動念，你還是極有可能犯錯。

博納：

喔？

蒂娜：

　　我舉幾個例子來說好了；比如，出自交換心態，期待上天或別人回饋給你更多。或者出自自己的脆弱，或因感到愛的欠缺，就想換取別人的愛。

　　還有的情況是，只顧別人的需求卻忽視自己的需求，表面看來是無私的，卻往往表示你未能真正的愛你自己。愛必須由你的心靈煥發，由愛你自己開始。當你能愛別人像愛自己，也能愛自己像愛別人一樣時，能量才是平衡的。

博納：

　　聽起來很有意思，還有呢？

蒂娜：

　　還有自我否定，覺得自己不值得，並為自己所擁有的感到愧疚而給予。

　　另外，出自某些教條，認為必須把自己所擁有的一切施捨出去才是修行人。事實上，宇宙上帝要我們在安然與舒適中享受生命的美好，祂並不要我們過著匱乏、窮困潦倒的生活。

　　最後一種是，認為金錢是罪惡之源，錢多了會惹禍上身或惹來許多麻煩。事實上，金錢是一種能量，只要是正當取得的，並善用它，這能量便能在平衡中和諧運轉。

博納：

　　所以要有一個豐富的，平衡的生命，在給予時要具有正確的思想與態度……，這就要靠智慧囉……，看來我要先用藍色之光把智慧打開再說。

蒂娜：

　　你會發現，在藍色之光開啟智慧之前，會先有一個清除你內在恐懼、憤怒與疑惑的過程，只有在你能面對自己的恐懼與疑惑時，你才能清除它們，之後你的智慧才會在光中開啟。所以……你做好面對自己的恐懼、憤怒與疑惑的準備了嗎？

博納：

　　為了開智慧，硬著頭皮也要去面對啊！

因果 Cause and effect

博納：

修了這麼久，我還是常常感到自己總是在挖東牆補西角的情況下忙個不停，到頭來卻發現很難根本解決問題，雖然，我們曾討論了需要以行動力來解決，然而我覺得還是有一些因素是我們沒有深入探索的。

蒂娜：

是的，有些問題若要從根本解決，因果法則的運作也占了一個主要因素。但因果的說法已成為老生常談，所以我就不再去提它。

博納：

自從佛陀教導了因果論的幾千年來，由於不同意識層面的人，說了許多不同意識層次的論調，有些甚至是荒謬不堪，反而令許多人產生混淆。如果我們不從三世因果說故事的切入點，而是以現世因果的角度來談這問題，也許有助於釐清一些觀點。

蒂娜：

好的，在這地球進入加速進展的階段中，以前要好幾輩子才會發生的因果，現在因地球頻率加速振動之故，人們以思想意念投射而製造的因，往往很快就產生回盪而來的果。因此，如果能從自己行為言語背後的起心動念來看現世因果，將更有助於因果的轉化。

博納：

　　談到因果，我覺得最難令人接受的是當一個人在承受苦難的同時，還要他承認這是他自己罪有應得的結果，實在滿殘忍的。

蒂娜：

　　是的，運用一知半解的因果邏輯來推論別人的處境，也使我們在自己身上製造更多的因果。其實，一個人所處的狀態，除了前世與現世的行為因果之外，還有來自較高層面為使較低層面的自我有所體驗而設計的經驗，為的是讓我們學習如何掌握自己的心智、情緒與行為。

博納：

　　所以，即使是因果的呈現，我們也不能批判別人都是活該、罪有應得囉！

蒂娜：

　　是的，有時一個看似悲慘的事件，是在較高次元中，為了完成一個神聖計畫而發生的，如耶穌被釘上十字架，他是為了實現天父的意願，而不是因為他在某一世曾把別人釘上十這架，他的幾個遭受迫害的門徒也是如此，並非他們曾經迫害過別人，他們的受難乃是當時的人心智未開而造成的。然而，如果耶穌與他的門徒在被釘上十字架時產生怨恨與憤怒，便會為他們自己帶來一連串的因果。正因他們心中了無怨恨，因此他們的靈魂進入五度空間，成為默基瑟德與淨光兄弟的成員。

博納：

　　因此，對每一事件都要能理解與釋放，才能進入較高次元。這個我得慢慢地逐步去實現，現在我還是比較關心三度空間的現實問題。

蒂娜：

　　是的，三度空間的生命如果無法圓融，一切都是空談。你覺得自己的問題出在哪裡呢？

博納：

　　我覺得自己總是在為各種瑣事疲於奔命。

蒂娜：

　　那是因為你急於對每一件大大小小的事情做回應，如果你能靜下心來，進入光中，想想你的目標，你的方向在那裡，什麼是真正重要的事，什麼是當務之急的事，便會好很多。

博納：

　　是的，我確實是因為沒有明確的目標與方向，被一些無關緊要的瑣碎事物牽絆著，才使自己在一些混淆不清的人事物中打轉。更糟糕的是，從中所製造的因果，使自己更加混淆不清，終於導致負面循環。

蒂娜：

　　因果是宇宙中的一種神聖秩序。與其說它是一個特定的事情對應另一個特定的事情，不如說它是一個事件的演變對應另一個事件的演變。就好像是一種生物圈，有完整的生物鏈、生態循環與演化。

博納：

那在這生物圈中，我們跟動物就沒有什麼不同了。

蒂娜：

有一個最大的不同，就是我們被賦予自由意志與創造力，這使我們可以從生物圈的演變與因果中提升與超脫。因此，我們能夠選擇自己所要創造的，也可以選擇演變的目標與方向。

博納：

到頭來，我們還是要自己學會掌握目標與方向。所以呢，與其竭盡自己的心力，不如讓光來轉化我們的靈性，來指引我們，你說對不對？

蒂娜：

少耍嘴皮子了！不過，我們如果能事事以光的較高意識來選擇自己的情緒、思想與行為，確實能比較快速，也比較能輕易地轉化各種連鎖性的因果演化。

博納：

這麼說來，只要我們學會掌握自己的情緒與思想，那我們的行為與回應自然會朝著至善和智慧的方向前進。

蒂娜：

是的，然而所謂的掌握，事實上是理解我們所面對的情緒與思想的問題往往出自恐懼、憤怒、焦慮、憂鬱等自己所製造的虛妄影像，理解這些之後，你自然會有正確的言行與舉止。

博納：

　　但要看清這點就是需要修行的功力啊！對我來說，確實是要在光中運作一段很長的時間，甚至是在我進入行星課程之後，才逐漸能看清並擺脫一些虛妄影像，但有些幻象還不是我目前的功力所能去除的，所以才三不五時掉進它的陷阱。

蒂娜：

　　慢慢來，方向掌握住了就好辦了。把能看清的先清理了吧！有一點很重要的是，在你看清之後，釋放它們的同時，不要忘了祝福它們，給它們一個擁抱，感謝它們使你成長。

博納：

　　它們把我害慘了，為什麼還要擁抱或感謝它們？

蒂娜：

　　這是因為因果法則不是用來懲罰我們，而是為了讓我們進展之故。

博納：

　　說的也對！如果不是被因果窮追不捨地糾纏著，走頭無路了，我也不會展開這向內探索，追求自由與光明的旅程囉！

行動力 Dynamic Action

博納：

　　我常感到自己總是在挖東墻補西角的情況下忙來忙去，忙個不停，卻很難根本解決問題。

蒂娜：

　　很多人都有這種感覺，尤其是在這「團隊精神是人類進展的主要課題」的時代，更是如此。

博納：

　　沒錯，我最常遇到的問題是開始時大家熱烈參與的勁兒是有的，但很快就因團體成員意見不同、目標不同而擱淺。

蒂娜：

　　正因如此，瞭解「行動力」Dynamic Action 的運作法則是很重要的。

博納：

　　那麼行動力也是一個宇宙法則嗎？

蒂娜：

　　是一種在三度空間的運作原則，或者說是一些要在三度空間完成顯像創造之功課的必要因素。如果缺乏了這些因素，便無法產生真正的動力。

博納：

　　缺乏真正的動力，使許多原本可以成為美好事物的卻不了了之，非常可惜。

蒂娜：

　　所以說要具備團體的行動力，歸納起來需要的因素有：

　　1. 共同的認知與目標。

　　2. 共同的展望與計畫。

　　3. 實踐的決心與毅力。

　　4. 表達正面思想、熱忱與愛的能力。

　　5. 與內在精神或靈性層面連接的能力。

博納：

　　許多團隊本想完成一個目標，卻在中途出現各行其是的現象，我想沒有共同的認知與目標是一個很大的因素

蒂娜：

　　有時候各行其事是一種暫時性的分工，最終會拼出一幅織錦圖。因此，外在形式不是關鍵，關鍵在於大家的內在心靈是否有同樣的理想與目標。

博納：

　　既然團隊工作是否能完成，需要每個人自身都先具備上面的條件，就讓我們從個人要完成自己的生命目標時，要如何實現來討論比較具體。因為，一旦個人達到這樣的條件，就能吸引具有同樣條件的人一起完成更大的視野。

蒂娜：

個人要實現一個理想，一樣先要有明確的目標以及實現它的欲望，因此「光的課程」以赤紅色之光來啟動這喚醒較高欲望的脈輪。

博納：

問題是有了目標、欲望與熱忱，都說只要具有樂觀與正面思想的態度就可以達成，我覺得自己一直是很樂觀的，可是常常因過於樂觀而壞了事情。

蒂娜：

我不知道你怎麼解釋「樂觀」兩個字，有些人認為樂觀是只要信任老天爺，一切事物會自動完善，便粗心大意或守株待兔。很多時候把事情搞砸的不是出自樂觀的態度，而是出自草率或怠惰。

博納：

這麼說，在相信一切事物的最終結果都是好的，都是神聖完美的安排的同時，還是要小心謹慎地盡其所能地去做，才是正確的樂觀態度，不能僅做白日夢。所以耐心、謹慎、毅力與行動力還是很重要。

蒂娜：

是的，五度空間是純然由思想創造意境的層面，在那層面上，僅用思想便可以完成心中的想望。但是在我們能進入五度空間之前，我們必須先在三度空間學會如何在物質世界運用行動力使自己的思想具體顯現，以便從中領悟不同思想與行為所產生的不同因

果，從而修正自己的起心動念與行為模式，直到盡善盡美方能進入純然以思想來創造的意識層面。

博納：

除了明確的認知與目標，清晰的展望，完整的計畫之外，還需要什麼？

蒂娜：

正面的思想、熱忱與愛也是極為重要的。

博納：

這是一種內在心識，所以要與內在精神或靈性的層面連接。其中的運作原理是什麼？

蒂娜：

我們都知道心的力量雖是無形的，卻具有巨大的能量。在三度空間這個頻率較為稠密的次元中，與內在心靈或光的較高次元連接，引導光的創造元素進入地球層面，將比較容易使你的視野在地球層面上具體顯現。

博納：

然而，要引導光的能量使事物具體顯現，自己的心靈頻率要與光的頻率能互動與共振。

蒂娜：

是的，所以我們需要淨化自己，提升自己。當一個人的頻率在提升中逐漸增強時，他的磁場便逐步與光的磁場有更多的融合。一

個人內在的意識愈是光明、純淨，沒有自私與貪婪，便愈具有使自己的視野具體顯現的力量。

博納：

現在我理解何以很多人花很多錢上一些以訂立目標、口號、肯定語等來達到預定目標或成功之類的課程，卻不一定能實現目標，是因為心靈尚未與較高意識層面整合之故。

蒂娜：

我想這些課程並不是有意誤導別人。創辦人可能是一個自身具有高意識與高能量，可以輕易實現高目標的人，他的言語行為必然是樂觀正面的。只是旁人依樣畫葫蘆地設計課程，忽略了沒有與內在心靈意識整合的功夫，只重表面形式是行不通的。

博納：

歸根究底就是要一邊提升自己的心靈意識，與較高自我連接，運用較高次元的能量，一邊仍然要腳踏實地去做，才能將理想與視野落實在生活中。

較低自我 V.S.較高自我

博納：

　　當我們談到動力磁場與磁力磁場時，你說道：「當較低自我的意念與較高自我的意願或靈魂的設計有著衝突時，你整個存在的能量便無法通暢。」那麼我如何知道自己與較高自我或靈魂的設計是整合的，還是衝突的呢？而且在「光的課程」中，上師們總是要我們與較高自我融合，實現較高自我的意願。然而說實在的，較高自我與較低自我的分辨，我有時可以察覺的出來，有時卻真的很難以辨別。

蒂娜：

　　這就是為什麼行星課程稱之為識別的課程，你需要培養自己的識別能力。隨著課程每一級次的成長，你對自己內在自我中的起心動念也會逐漸地看得很清楚。

博納：

　　唉，你又在給我一些遠水救不了近火的說法……

蒂娜：

　　這是使你不會產生倚賴與僵化，使你得以獨立與自由最根本的模式。你必須學會獨立思考，自己做選擇，你才能有飛躍性的進展。

博納：

　　但我還不會走路，你就叫我跑步，未免有點不公平吧！

蒂娜：

　　我真的想改掉自己太雞婆的毛病！好吧，就讓我再婆婆媽媽一次好了。什麼樣的狀態是你比較難以分辨的時候呢？

博納：

　　太多了，先說無條件的愛吧，我常好心給予別人協助，也不求回報，但還是常常遭受白眼，這使我感到自己狗拿耗子，多管閒事。

蒂娜：

　　無條件的愛指的是你全然地接受別人，無論別人做了什麼，你都沒有任何批判。既然我們現在談的主題不是批判，也不是無條件的愛，就以你幫了別人還遭白眼來說吧，我想大概你熱心幫助的多半是女生吧？

博納：

　　咦！你怎麼知道？

蒂娜：

　　邏輯推論吧，女生比較會給人一個白眼。我家小狗是母的，不滿意時就給我們一個白眼，而隔壁家的公狗就不會這樣……哈！不調侃你了，言歸正傳，在你幫助別人時，是不是完全沒有任何批判？還是心裡想著：看吧！沒有我你就不行了！

博納：

　　讓她覺得我有點能力，也是一種批判或條件嗎？太嚴苛了吧！

蒂娜：

　　雖然你沒說出來，但你心裡就是覺得自己比她強，並希望她景仰你，這不就是帶著批判和條件了嗎？

博納：

　　好吧！那麼愛自己與自私自利之間又怎麼說呢？

蒂娜：

　　較低自我自私自利的運作，其實你自己是可以看到的，我就僅從較高自我的思想與行為來與你談吧！

　　較高形式的愛自己是指反省自己，不苛責自己的過失或短處，給自己時間去領悟與修正，允許自己去享有宇宙上天所賦予我們的一切。

博納：

　　那麼面對挫折時，較高自我是怎麼運作的呢？

蒂娜：

　　不怨天尤人，不把責任推到別人身上，審視自己起心動念，理解他人，寬恕他人，祈求上天給你勇氣、力量與機緣來轉化目前的一切。

博納：

　　我是中間階層的小主管，上有上司，下有下屬，上下都有自己的要求，我夾在中間，左右為難，如何讓較高自我運作呢？

蒂娜：

　　以堅定的信心、真誠的投入，領導屬下一起完成任務，不獨佔功勞。如果上面的政策不務實，你也不會去批判主管，作為「光的

課程」的學生，應多在綠寶石之光中運作，以便開啟自己更大的創造力與溝通能力，讓主管知道理想與現實之間的差距。

博納：

這種時候就很難分辨什麼時候要以信心堅持到底，什麼時候要知道極限，並體恤員工。所以還是有不知道自己到底在較高自我中，還是在較低自我中的時候。

蒂娜：

這就是何以理論上的事，我們紙上談兵只能到一定程度，其餘便是要在自己的體驗與領悟中逐步清理自己的混淆，直到智慧開啟後，你的起心動念、行為舉止自然會優雅適中。

博納：

歸根究底就是要自己走在光中，自己去體驗與學習。就像你要我們看的那本[射藝中的禪]一書中所描述的那樣，即使是一個德國教授，要學射藝也好，學禪也好，不能光憑自己的聰明才智，而是必須自己一次又一次地練習，既不能偷工減料，也不能投機取巧。

蒂娜：

很高興你終於瞭解靈性的東西是無法用理念或用公式去套用的。我們曾經整理過一篇與較高自我 V.S.較低自我運作的有關短文。我將它例在下面給你做參考，但還是那句話，你需要自己去體悟。

較高自我 V.S.較低自我

較高自我在運作時：

- 當別人在痛苦中時，你安慰他們；但不將他們的問題變成你的，或感到需要處理他們的問題。
- 你能放下對自己所做的每一件事都是正確的需求。
- 你能接受：所有的信仰對某些人在特定的時候皆有他們的作用與貢獻；即使你認為自己的比較好。
- 你能接受自己所景仰的人，就像其他許多人一樣，有他們自己的課程要學習。
- 無論你個人所期望的是什麼，你能接受自己所愛的人，他們有權利做他們自己所要做的事、做一個他們想要做的人。
- 你能理解到你自己所愛的人，沒有必須成長的義務，也沒有義務以你所要求的眼光來看待你。
- 你向內尋找真理（validation），並瞭解外在現象只是自己內在世界的反映。
- 體認到你自己生命中的每一個人都在幫助你成長。看到他們在你的成長中扮演的正面或負面的角色，並對他們的角色予以體諒。
- 你認識到自己的獨特與完美。

較低自我在運作時：

· 當別人在痛苦中，並需要你的安慰時，你告訴他們，是他們創造了自己的實相（這一切是他們自己的因果）。

· 你要求是非分明勝過於整體性。

· 你要求別人認同你的信仰。

· 你要求別人認定你所崇拜的是最完善的。

· 你要求自己所景仰的人符合你的期望。

· 你要求自己所愛的人符合你的期望。

· 你在自己內在自性之外尋找認同與肯定。

· 你要求找出一個為你人生負責的人。

· 你要別人以你所期望的模式去接受你所自認的你。

識別與批判 Discernment v.s. Judgement

博納：

　　上次談到動力磁場與磁力磁場時，你說抽絲剝繭之後，發現真正障礙你動力磁場與磁力磁場能量流動的是「批判」，然而，行星二的課程從一開始便要我們進入「識別」的學習課程，什麼是「識別」？什麼是「批判」？

蒂娜：

　　「批判」是依個人的喜好而做評估，無論你有沒有行動，接下來的思想，便已造成因批判而產生的業或功課。而「識別」是與較高自我融合後所做的選擇。

博納：

　　不太懂！這樣說吧，當我看到一個女孩，很自然會看她漂亮不漂亮，這是識別還是批判？

蒂娜：

　　批判屬於較低體系的情緒感受與思想，當你看到你認為漂亮的就想追，追不到就酸葡萄，看到你認為醜的，無論是心裡嗤之以鼻，或做出作弄人家的行為，皆屬於批判。

博納：

　　連心裡想想都不行啊？太可怕了吧！

蒂娜：

不批判確實是人類最難過關的一個課題。因為這是自我（Ego）最大的特質，如果沒有了批判，小我便沒有遊戲可玩，因為許多可以製造泡沫劇的憤怒、恐懼、貪念、疑慮、虛榮、權利慾望等意念，都源自批判，也就是一種喜惡的分別心。因此我們要引導小我把焦點放在識別上。

博納：

對我來說，這兩者的區別太細微了，真是一線之隔，我不是有意在文字上鑽牛角尖，只是很希望瞭解行星課程所指的「識別」的真實含義。

蒂娜：

識別是一種洞悉或洞察的能力。

博納：

洞悉或洞察？聽起來像一種瞭解事物卻不做評斷或批判的能力？

蒂娜：

不僅如此，還要具有選擇與較高自我融合的思想與行為的能力，使自己能從中成長並創造美好的生命。

博納：

但課文中並沒有給我們一套可以達到具有識別能力的論述或方法。

蒂娜：

給你一堆理論你就能把飯煮熟嗎？我們自身原本就具備把飯煮熟的所有工具與材料，只要把電插上（tune in the light）即可。每個人進入自己光的殿堂，接收適合個人在自己成長階段中所需的真知，因為每個人在不同階段有不同的價值觀與實相，只能讓每個人在心識中各自領悟，我認為這是一種極為深遠廣博的教法。

博納：

我一進入聖殿就睡得特別好，雖然時而有一些模糊的影像或隱約感到思想與情緒的運作，但在意識的層面上還是不知道自己在聖殿中學了什麼，只知道醒來時很清爽、很舒服……把光的聖殿當成一個睡覺的地方，真不好意思。

蒂娜：

那是你個人心靈的空間，沒有人會批判你，上師們也不會批判你，這是你在這一階段的過程與現象，因此也不要批判你自己。我很高興你感受到光的愛與保護，因此可以蒙頭大睡。我相信你的靈魂或潛意識已從中獲得在你成長的這一階段中所需的真知，就像你所讀過的書，或學過的任何技能一樣，這些真知將在你需要用時，便如神來之筆般地發揮出來。

博納：

有那麼簡單嗎？睡覺就可以學習？

蒂娜：

　　這是因為在「睡覺」之前，你的本意是要在靜心冥想中向光、向較高層面打開，進入冥想程式則表達了你對成長與接收引導的意願。有點像現在坊間的催眠吧，所不同的是，你所接受的是自己較高靈魂自我的催眠，而不是別人的催眠。如果我們不表達願意打開自己，以接收較高智慧的意願，較高次元的智慧便無法注入我們的存在中，這是自由意志的宇宙法則。但是不要太開心，不是睡覺就可以了，在冥想中獲得指引只是一個學習的開始，你自己也要有後續的努力，才能真正培養出識別的能力。

博納：

　　我自己還要做些什麼樣的努力呢？

蒂娜：

　　有意識地繼續淨化、提升你較低自我的幾個體系。你的情緒體、感受體、理性思想體、乙太星光體都需要持續淨化與完善。還要能傾聽內在的指引，分別什麼是小我的意願，什麼是有助於你靈魂成長的思想與行為。還要有堅定的意志力去實踐你所獲得的指引，才算完成一個學習的循環。

博納：

　　喔！這麼說實踐是最難的，要改變習性、克服惰性還真不是想想或睡覺就可以達到的。

蒂娜：

　　思想引導能量，你思想的意願、你的視野，以及你的渴望會帶動一股勢能，在你的動力磁場與磁力磁場上流動著，與這股勢能和諧運作，讓光的勢能推展你，你就能青雲直上。

博納：

　　我懂了，如果不學習對較高自我的認知與領悟，不去識別自己在較高自我還是較低自我的運作中，還不停地用小我的批判態度去對應生活上的人、事、物的話，就會捲入更多生命的掙扎，反而更累呢！

磁力磁場與動力磁場

博納：

　　行星級次談到磁力磁場與動力磁場，它更精準的含義是什麼？

蒂娜：

　　磁力磁場指的是我們身體左邊的磁場，是我們接收、納入與接受能量的部位。動力磁場指的是我們身體右邊的磁場，是我們煥發能量，使思想意念具體顯現的部位。我們從磁力磁場接收能量，從動力磁場付諸行動，把接收到的能量具體顯化。行星一、行星二裡面談到三角形的能量運作，左邊是磁力磁場，右邊是動力磁場。行星四中，五面體金字塔的運作時，磁力磁場是在左面與背面，動力磁場則在右面與前面。

博納：

　　怎麼樣才會知道我的磁力磁場與動力磁場的運作是正常流暢的呢？

蒂娜：

　　當較低自我的意念與較高自我的意願或靈魂的設計有著衝突時，你整個存在的能量便無法通暢，至於顯現在外的生命障礙也因人而異，需要個人自己細心體會。如果是顯現在身體的障礙，一般人也比較容易感受到。

博納：

　　如何從身體的顯現中去瞭解自己所面臨的是什麼障礙呢？

蒂娜：

　　傾聽身體上異樣感受所發出的訊息。我們聽不到是因為我們不想聽，我們想依自己小我的意願行事。

博納：

　　就像上次見到妳時，妳的右手臂酸痛，妳一邊吃藥，一邊說妳自己知道這是更深層面的東西，只是還不想去看它、面對它，是吧？後來呢？

蒂娜：

　　當時被壓了下去，但一個月後卻疼得更厲害。

博納：

　　這有迫使妳去面對了嗎？

蒂娜：

　　我繼續增加藥量，就是不想面對。

博納：

　　為什麼？

蒂娜：

　　我有我個人的意願，不想聽較高自我的嚕嗦。

博納：

　　妳也還會這樣嗎？我以為妳比我多修了好多年，應該可以避免大我小我的相互煎熬……

蒂娜：

　　當然會啊，這是人的習氣，不到黃河心不死，頑強抵抗，死而後已。

博納：

　　較低自我贏了嗎？

蒂娜：

　　當然沒有，我們的身體、我們的生命事實是在較高自我的掌握中，只是較低自我自以為在自己的掌控中而已。

博納：

　　那麼妳只好向較高自我臣服了嗎？

蒂娜：

　　唉，連續吃了兩個星期的消炎藥，不但右手沒好，連左手都開始痛起來了。自己也嚇到了，能不臣服嗎？

博納：

　　那妳從中領悟到的是什麼啊？

蒂娜：

　　當左手也開始痛起來時，我知道自己的意念與靈魂的設計或較高自我的意願在不協調中，致使我的磁力磁場與動力磁場的能量流動出了問題。我不怕死，但要死得安詳自在。如果我為了個性自我的意願要付出疼痛致死，而且是慢慢折磨的代價，就太不值得了。

博納：

　　所以妳是因為怕痛死才臣服的囉？

蒂娜：

這麼說也沒錯，於是我靜下心來，觀照自己，知道自己認為這一生所做的事雖然馬馬虎虎，但仍可以交差了事了，所以我要享受清淨與安逸，開始躲在我的桃花源裡，過著閑雲野鶴的生活……就在我產生想要停止對外活動的念頭，並越來越認定時，動力磁場與磁力磁場的能量便產生障礙，氣血不通，自然疼痛。我把吃了將近一個月的消炎藥停了，改變意念，告訴自己，告訴上天，我願意讓宇宙能量經由我的磁力磁場與動力磁場而運作，我願盡我所能協助別人理解光的途徑。

博納：

現在妳的手臂不痛了嗎？

蒂娜：

從那以後就慢慢好轉，現在偶爾還是有一點痛感，不能說完全好了，當障礙已在身體上形成時，便得抽絲剝繭地清除，否則斬草不除根，春風吹又生。我想這過程也是在堅定一個人的心志與意願。越頑強的，就越要磨得久一點。

博納：

抽絲剝繭？聽起來好像要剝掉一層皮……

蒂娜：

當然不是指剝手臂上的皮，而是指對自己的思想意識，起心動念仔細追溯、審視它的真正起因，譬如是什麼使我想要停止與外界的連接，是什麼使我想停止目前所做的事等等心念。治癒不

是在知性的層面上瞭解自己該調整的是什麼便了事，也不是嘴上說說，有口無心便可以達成，它必須真正地由內在心靈煥發出來，因此，從頭腦的理解到心靈的釋放與調整通常需要一段運作的過程。

博納：

那麼斬草不除根，春風吹又生，指的是原有的習氣會在不知不覺中又回到心頭的意思嗎？

蒂娜：

如果沒真正地從心靈意識中釋放的話，那惹禍的根仍像一顆顆埋藏的地雷般地，一觸即發。我們的思想情緒不都是這樣嗎？常常有人說一想到某件事就生氣、傷心，就是這個道理。

博納：

以妳的手臂為例，妳追溯到了什麼呢？

蒂娜：

內在的批判。我對某些人、事、物的批判，使我想遠離塵囂，遺世獨立。進展到這一階段的我們，通常對自己的貪念、憤怒、恐懼比較能觀照到，但批判卻往往是我們最難以覺察的，而最會製造因果的恰恰就是批判。只是我們在談動力磁場與磁力磁場，就不在這裡岔開話題了，以後有機會再談。

博納：

由於較低自我的意願未能與較高自我的意願整合而產生的障礙，是不是不一定顯現在身體上，卻在生活上形成諸多的磨難？

蒂娜：

內心的掙扎、矛盾、憤怒、恐懼等種種思想情緒，的確會造成外在生命的掙扎與矛盾，但有些磨難是出自靈魂選擇要經歷的，因此不能把這種公式套在每一個人或每一件事情上，一切事物的緣由，只能由各人自己的心去領悟去體會。

博納：

但這不是每個人都能看清的。

蒂娜：

個人要願意尋找真正的原因，願意接受答案並面對它，理解自己製造這些現象的起因，才能轉化它。走在光的途徑上的人，將能從光的能量、光的語言中獲得指引，有時我們會直接受到心靈的啟發，有時我們會從各種不同形式的顯現中獲得領悟。事實上，除了運用光的能量來幫助我們看清事物之外，光的能量也能幫助我們獲得快速的清理與釋放。

靈魂團體 Soul Group

博納：

　　靈魂既然是獨立的，為何又有靈魂團體的說法呢？

蒂娜：

　　根據一位傳遞 Kuthumi 上師訊息之靈媒的論述：

　　「在乙太層面上，一個獨立的靈魂（the soul）離開肉體之後，來到大我（Oversoul）之前，並與自己的團體靈魂再度聚合（reunited），通常，一個靈魂團體有一千個靈魂。在這個時候，肉體生命結束時的驚訝與混淆很快就過去了，並回憶起整個過程。開始時是一小片刻的靜默，很快地整個靈魂團體在歡樂中重享更新意識的融合，然後大家一起參與回顧與評估的過程。

博納：

　　聽說在那狀態中每一個靈魂的心智都是清晰的、有智慧的。

蒂娜：

　　是的，因此在投生之前，我們在靈魂層面上所做的決定都是為了自身的進展而設置的。

博納：

　　難怪新時代的理論主張著：是你選擇你所出生的地方、時代、父母與經驗。

蒂娜：

　　每一個靈魂在這時候所做的決定都會影響整個靈魂團體，因為沒有一個靈魂可以獨自進展，除非這整個團體成員的頻率都達到可以繼續前進的振幅。這就是為什麼協助其他還在肉體經驗中的靈魂看到神性與真理之光是如此重要，因為這種過程增強了整個團體向上提升的機動性。

博納：

　　那麼生活在我們周遭的人都與我們是同一個靈魂團體嗎？

蒂娜：

　　不一定，因為無條件的愛與寬恕是靈魂成長中一個很重要的課題。因此，降生地球的靈魂，不可能在物質世界的意識層面上記起自己所屬的是那一個靈魂團體，也不可能記得這一千個靈魂團體中所有人的名單。

博納：

　　所以我們的周遭還是會有一些與我們意識不在同一個層面上的人；同時也無法評斷自己與那些人是否同屬一個靈魂團體？

蒂娜：

　　因此，學習到沒有分別心，沒有批判，盡力協助需要幫助的人，是個體靈魂進入較高實相的關鍵。對所有人的愛與寬恕是靈魂從較低意識層面提升到較高意識層面不可或缺的主要因素。

博納：

　　我們可以跳級或跳槽到別的靈魂團體中嗎？

蒂娜：

如果根據 Kuthumi 上師所說的，必須要等到整個團體的頻率可以進入第五次元為止，這一千個靈魂才能分開，因為這是這一層面的法則。

博納：

如果這個靈魂團體進入第五次元，便可以重組了？

蒂娜：

一旦整個靈魂團體進入第五次元，便有不同的方針與規則，因為更高頻率的層面將有不同的方案與協議。不過，如果你期望重組的原因是想擺脫那一個你很討厭的靈魂，那我可以告訴你，你的靈魂團體必需等到你能接納那個靈魂之後，才能進入五度空間。因為我們不能帶著恐懼、憤怒與怨恨進入五度空間。

博納：

討厭一個人就可以讓我成為害群之馬，這太可怕了。

蒂娜：

因此，淨化你自己，並協助自己的親人朋友進入光中是地球上每一個居民的職責，因為只要有一個人無法進入天父的殿堂，你也無法進入。

能量 Energy

博納：

　　我最近才瞭解「Energy」這個字，中文譯成「能量」的意思是「能形成一切事物的力量」，這樣的翻譯真是精準，前人還是厲害。但我聽說能量運作也是一種宇宙法則，這就不是大家都知道的吧？

蒂娜：

　　科學家已發現能量的運轉是在一個圓周中持續循環著；大到行星，小到原子、次原子、核子或分子的的運轉，都是如此。只是很多人沒有意識到我們的身體、思想、情緒、意念、行為也是一種能量。

博納：

　　這麼說來，我們所散發出去的意念、行為，無論是善的、惡的，最終都要循環回到原點，也就是我們自己身上囉？

蒂娜：

　　是的，這就是所謂因果法則的由來。宇宙中的每一件事物本身都是能量，我們也是一種能量的組合。我們的思想、意念、視野、慾望；我們的情緒、感受、言語、行動，都會造成一種由我們自身為起點的能量運作，它最終會回到我們自身。

博納：

　　許多人以為花錢就可以請別人消災、清除負面能量，如果可以這樣的話，有錢的人就不需要為自己的所作所為負責，這不就等於有錢就可以超越宇宙法則，那不就天下大亂了嗎？

蒂娜：

宇宙的法則是沒有任何事物可以凌駕其上或逍遙法外的。只是……如果有一群人聚在一起誠心祈禱，祈求指引，並改變自己及群體錯誤的思想行為，便可以轉化一些負面勢能，因為這時所散發的正面能量可以抵消一些負面能量，減輕毀滅性災難的程度，這是因為心靈的能量先有所轉化之故。然而，因無知的行為所帶來的因果的學習課題還是會以不同的形式出現。

博納：

所以如果以商業化的交易與心態來消災祈福，付錢的人抱著花錢消災的心態，來抵消自己所做的虧心事；負責祈福消災的人，抱著拿錢做事的心態來做消災祈福的動作，這樣的話，形式上好像做到了，實際上卻是小和尚念經，有口無心，可能會產生更多的負作用。這就是為什麼因果不能由別人來消滅，但可以透過自身思想意識的轉化來化解的緣故了。

蒂娜：

是的，科學家已經證實能量不會被消滅，但可以轉化。上次我們討論「一」的法則時，你問我說：「光的課程」是否含有可以改變我們細胞記憶與遺傳基因的密碼「coding」時，我說：不僅是「光的課程」，任何來自較高層面的訊息，任何指引人們向善的經典，都具有極高的能量以及轉化較低體系負面頻率的智慧，其中的道理就在這裡。

博納：

說穿了就沒有什麼神祕的了，也就是只有透過修行，修正自己的思想與行為才能扭轉負面的勢能。所以說「萬法歸一」；無論你的宗教信仰是什麼，原理都一樣。

蒂娜：

可以這麼說。由於人類有很深的習氣，要修正已經成形的思想與行為是極不容易的。然而，較高層面的思想是一種能量，如果我們打開自己，誠心閱讀誦念任何經典，或純然只是對這些能量做冥想，無論是以光、耶穌或佛陀的聖像為冥想，這些能量便會與我們交互感應，在我們的整個存在中運作著。

博納：

這是因為思想是一種能量，能量受到思想的引導，完成我們的意願。如果我們懂得借力使力，運用這種較高能量來轉化自己，就遠比只靠意志力的轉念，來得事半功倍。

博納：

不過……行星七中又提到能量、又提到圖形與密碼……感覺就有些神秘兮兮的。

蒂娜：

對完全不理解光或能量運作原理的人來說，它確實是神祕的。我想這是因為至高的宇宙真理像密碼一樣，無法直接以人的腦意識去理解，或以人類的語言去解說。只能透過光或象徵光的語言的圖形與密碼的運作來進行，當這些智慧中的較高思想意識經由靈魂注

入之後，較低體系尚需要一段時間的實證與融合，才能真正領悟，也才能解碼吧！

博納：

　　有些門派宣稱他們所傳的法具有密碼，是他們的祕密傳承，不可以偷學，否則會遭受報應，這是真的嗎？

蒂娜：

　　這是另一種概念，我們將在討論「入門」時探討這一點。

　　目前只要知道「光的課程」中的「code」指的是宇宙智能的編碼。「光的課程」不是一個祕密門派，每一個會踏上「光的課程」途徑的人都是機緣已成熟，並受到內在指引而進入的人，走在這途徑上的每個人都在個人內在導師的指引中，在上師們的守護中，無論是自修或共修，都是光明正大的。但其中有一個前題就是要有傾聽內在指引及識別的能力。

吸引力 Attraction──思想引導能量

博納：

「光的課程」說光的運作原理是『思想引導能量，能量跟隨思想』，這種原理是否也適用在生活中的每一件事情上呢？

蒂娜：

是的，這是一種與磁力磁場有關的宇宙運作法則，人的思想意識是一種磁力，具有吸引力。你是否感到當你在思考某一問題時，答案會以各種方式出現，當你需要幫助時，自然會獲得貴人相助？這就是磁力磁場的作用。

博納：

我知道了，因為思想、情緒感受、語言、行為都是一種頻率，頻率自然會吸引類似的頻率。所以正面的思想吸引正面的能量，負面的思想吸引負面的能量，難怪從小師長就教導我們要有樂觀進取的態度……這也是同樣的道理囉？

蒂娜：

是的，由於科技的發達，任何事物都可快速傳播，我們可以獲得許多有益於身心的知識，但也常受到社會上五花八門，形形色色的事物所影響而不自知，因此我們要很注意自己在吸引什麼樣的事物。

博納：

也就是說要留意自己的念頭與心意識，不要讓自己的思想去琢磨暴力的或負面的事物。

蒂娜：

　　人有仿製的能力，有些人會在有意無意間複製所見所聞的事物，尤其是對不懂事的孩子，大人有義務阻止他們觀看那些與暴力或色情有關的影片、書籍或報導，並且要引導他們看一些偉人的傳記或具有啟發性的書籍以及建設性的活動。

博納：

　　我覺得即使是成人，也應這樣保護自己的思想意念。

蒂娜：

　　是的，內在的思想意念決定了一個人的頻率，從而在生活中呈現與其意識層面相等的外在經驗。

博納：

　　這吸引力法則除了隨著我們的思想意識運作之外，還有其他的運作因素嗎？

蒂娜：

　　為了促進一個人的成長，靈魂也會吸引一些事物來考驗我們。

博納：

　　怎麼說？

蒂娜：

　　如果我們在較低體系的層面上，尚有許多恐懼、憤怒、倔強、固執、高傲、虛榮或怯弱之處，較高自我便會吸引一些事物到我們面前，為的是使我們從中提升與轉化。這雖然不是一個人的行為因果，但它是一種思想意識的因果，我們上次談因果時，沒有觸及到

這點，這也說明何以我們不能評判別人的因果，只能讓個人從中去領悟。

博納：

　　妳的意思是說，一個被虐待的人，不一定是為了償還曾經虐待別人的因果，只因他內在的懦弱，而吸引了被虐待的事件，為的是考驗他是否能磨練出從中走出來的堅定意志與力量。那麼相對的，有些我們看似福報的好運也是一種考驗？

蒂娜：

　　是的，上天有時會讓你暴發一下，或讓你有很幸運的機緣，為的是考驗你是否能善用你的資源和機運。能善用資源與機運，並能從中回饋社會的，將持續獲得更多的資源，但如果你的心智因此而迷失，一切就會如泡沫般地稍縱即逝。

博納：

　　所以我們會看到許多個人、一個區域或一個王朝的起落。

蒂娜：

　　起起落落是人類的學習過程，人們一旦學到自己的課題，一旦自己的意識頻率從中提升了，同樣的課題就不會再出現。

博納：

　　許多人一生都在重複同樣的課題，以為這就是自己的命，卻沒有想到自己需要從中學習的是什麼，只是對抗或逃避，才會導致類似的問題一再出現。

蒂娜：

　　是的，怨天尤人只會使課題變得更艱辛更複雜，成為真正的業障。然而，能從中提升的人，便能真正享受生命的安然與自在。

博納：

　　以前當我碰到問題時，要我不逃避或不怨天尤人幾乎是不可能的，因為我沒有其他出路。現在我可以在光的運作中去清理，去面對，我還是要說懂得在光中運作，是懶人的福氣。

地球的脈輪

博納：

　　據說地球也像人體一樣，擁有七個脈輪中心點，不知道前往這些地方，是否對修行有很大的幫助？

蒂娜：

　　根據資料的說法，地球的確擁有七個脈輪中心點，那些中心點的所在地分別是；

- 1st chakra - Mt. Shasta 美國加州——雪士達山
- 2nd chakra - Lake Titicaca 秘魯普諾和 - 的的喀喀湖
- 3rd chakra - Uluru-Katatjuta, Australia 位於澳洲的國家公園（就是那塊巨石）
- 4th chakra - Glastonbury & Shaftesbury, England 這兩城市在英國西南部，後者位於南安普敦（Southampton）附近
- 5th chakra - Great Pyramid & Mt. of Olives 埃及大金字塔及以色列耶路撒冷——橄欖山
- 6th chakra - Kuh-e-Malek Siah 位於伊朗境內
- 7th chakra - Mt. Kailas, Tibet.西藏喜瑪拉雅山北部的凱拉斯山，它是一座精神和信仰之山，是不少於四種宗教（Buddhism、Hinduism、Jainism 和 Bon）教義裏的世界中心，也是亞洲四條大河 Brahmaputra, Indus, Karnalio, Sutlej

的發源地。傳說登山可以洗卻從前的罪孽和得到永生。對於徒步者，它的未知充滿著吸引力。

博納：

那麼雪士達山是頂輪還是海底輪呢？

蒂娜：

我想因為地球是圓的，這七個脈輪要看你從那一頭說起。但無論它的位置在那裏，能量旋渦就是能量旋渦，當你到任何一個具有能量旋渦（vortex）的地方，並融入那律動中，自然能使你的身心獲得適當的調整。但是，不要執著於三度空間的能量場，「光的課程」中，上師們教導我們運用的光的能量超越時間與空間。『思想引導能量』，與光連接，任何時候、任何地方，你都能依你的接收力獲得這種能量。

博納：

資料顯示地球像人的身體一樣有七個脈輪，而「光的課程」卻有十二個脈輪中心點，為什麼有這樣的差別？

蒂娜：

「光的課程」所啟動的是靈魂體的脈輪，而不是身體的脈輪。然而，當靈魂體的脈輪受到啟動之後，身體上與靈魂體相對應的脈輪自然也會打開。

博納：

我注意到課程用的是『啟動』兩個字，意思是如果我們不啟動它，它就不會運作了？

蒂娜：

在正常情況下，它是運作的，只是大部份的人，在地球生命的活動中，思想與行為已有許多違反宇宙法則的地方，因而封閉了與靈魂連接的通道，使得靈魂體處於靜止的狀態，直到較低體系中的自我對自身靈魂有所覺醒時，能量才會大量地注入物質層面中的較低體系。

博納：

人的身體除了七個主要脈輪之外，尚有無數的脈輪。我相信地球也是一樣，尚有許多能量中心點分佈在整個地球上。

蒂娜：

不僅是地球這球體中有許多大大小小具有能量的旋渦，我們做為地球上的公民，每個人都是地球的一個細胞，我們自身就是地球上一個可以接收與傳送能量的一個脈輪中心點。當我們打開自己，接收至善的能量，便是在協助地球的轉化，當我們封閉自己，散發較低的能量與意識，便是在阻礙地球的進展。

博納：

因此重要的是自己內在心靈的運作與成長，而不是真的到地球上的某個脈輪中心點上去打開與自己身體相對應的脈輪。好像「照個相以示到此一遊」的態度，這樣是無濟於事的囉？

蒂娜：

不是叫你不要去那些地方，而是說，你到了那些具有特定能量磁場的地方，要是能配合那磁場的律動，並調整自己的身心意識，

相信那特定的磁場必然有助於你打開自己的脈輪。只是在你離開後，如果你又回到舊有的思想與行為模式時，那些能量還是會消失，你的脈輪也會再度封閉起來。

頻率 Vibration

博納：

能量與頻率之間似乎很難區別，感覺高頻率就是高能量，低頻率就是低能量，是這樣嗎？

蒂娜：

高頻率「形成」高能量，低頻率「形成」低能量，兩者之間有相輔相成的作用。

博納：

那……頻率振動是以什麼為衡量標準呢？

蒂娜：

通常是以週期的振盪次數來衡量。物質與非物質的能量體之間最大的不同就是頻率振動的不同。物質體比非物質體——如精神能量體的振動頻率低，屬於小我的負面思想頻率比屬靈的正面思想頻率低，因此三度空間的頻率比五度空間的頻率低，三度空間的能量也因而比五度空間來的低。

博納：

各種頻率的振幅會與我們有關係嗎？

蒂娜：

不同頻率會吸引與自身頻率共振的事物。就拿樂觀與悲觀兩種形態來比喻吧，樂觀的振動頻率高，自然吸引同樣高頻的事物，容

易形成光明、喜悅的外在經驗。反之，悲觀的振動頻率低，就會吸引低頻率的事物，容易形成陰沈、晦暗的外在經驗。

博納：

頻率既然是一種振動波，我們是否會受到別人所散發的較低頻率所波及？

蒂娜：

對覺知力不夠的人，是很容易被波及，或者應該說很容易被引發自己內在原有的東西。目前一般的群體大眾尚在未覺醒的狀態中，對自己處在什麼樣的環境中，沒有敏銳的覺知力，因此很容易互相影響，造成負面循環。

博納：

所以遇到低思想頻率的人或地方，最好逃得遠遠的？

蒂娜：

我們可以少去一些較低頻率的地方，但在日常生活中，如果我們的焦點只是在看自己周遭有那些人的頻率低、那些人的頻率高，便很容易造成對立與批判，而往往這些批判只是個人的投射，與實相無關，這種批判不僅為自己製造學習的因果，也延誤了個人的進展。要知道自己之所以會受到低頻率的影響是因為自己的內在尚有與這些頻率產生共振的元素。

博納：

所以重要的是要能覺知自己的意識狀態，而不是去為別人的意識頻率打分數，只要能將自己從「自己」的低頻狀態中提升出來，

並超越這些批判與感受,凝定在較高的思想頻率中,便不會受到影響,是嗎?

蒂娜:

是的,但我發覺如果只靠頭腦的意識要做到提升與超脫會很吃力,但運用光的能量去轉化自己以及周遭的磁場,便輕鬆容易多了。

博納:

這種借力使力來與較高頻率連接,並運用較高頻率轉化較低頻率的原理,真是懶人的好方法。

蒂娜:

願意去為自己的身心狀態負責的人,不能算是懶人。何況能達到這種覺知的人,必已走過一段相當長時間的面對自己、清理、淨化與提升的過程。在身體、心智與心靈上,愈是能與光同化融合的人,轉化的速度就愈快,也愈能掌握自己的生命,達到圓滿。

博納:

這就像任何專業的磨練一樣,要達到精練純熟,需要下一番工夫。但是在我的功力還不到那程度時,我想還是三十六計走為上策吧!

蒂娜:

如果你是沒有帶著批判與憤怒地退開,瞭解彼此是面對同一時間卻在不同的角度與不同的層面上看事情時,你既無法妥協,也無法強迫別人與你有一樣的想法,便選擇退一步海闊天空,這當然很好。

但如果帶著批判與憤怒無奈地離開，甚至伺機尋仇，便是下策，因為你不但無法建立良好的人際關係，你的生命將因恐懼而受到局限，也使自己捲入更多的因果的學習。

博納：

那怎麼做才是上策呢？

蒂娜：

從這些鏡光倒影中去看自己的內在心識。否則你的生命課題將從其他地方以不同的模式一再向你挑戰。

博納：

唉……好像怎麼逃都逃不了？

蒂娜：

別急、別急，一旦我們選擇在光中進入較高的意識層面，在較低意識層面中的一切現象就不會再以課題的模式呈現在你面前了。

博納：

妳的意思是說，當我們較低意識所引發的痛苦因果被光的較高意識淨化時，我們才能真正解脫，看來習修光的途徑是一條可以邁向自由的途徑囉！

考驗 vs.選擇

博納：

　　有些人面對的考驗很嚴峻，有些人則較為平順，這是屬於因果法則，還是思想頻率法則的範疇呢？

蒂娜：

　　可以說是思想頻率的因果法則，因為因果也是人們產生特定思想意識的種子或起因，因此它們是互為因果。在靈性成長的過程中，每個人都會受到各式各樣、大大小小的考驗，面對這些考驗時，我們所選擇的思想、態度與行為，決定了不同的結果。

博納：

　　我想這就是所謂的學習光的運作與真理，可以改變我們命運的道理吧！因為我們可以選擇自己的思想，並從不同反應的選擇中改變整個事件的形態與演化。

蒂娜：

　　是的，但對這些真理與法則的遵循，必須是出自個人內在心靈的領悟，以靈性為選擇的基礎。任何事物不是出自心靈的領悟，而是純然將它做為一種知識性的，理性的教條，以一顆嚴峻苛刻的心去遵守教條，往往使自己陷入在由嚴苛所帶來的因果與學習課題，卻無法理解何以自己謹守清規，卻仍有諸多的不順。

博納：

　　這需要靈性的進展已達到很高領悟的靈魂，才能分辨出自己所遵循的究竟是出自內在心靈的領悟，還是出自個人頭腦的邏輯思維，或出自群眾思想所形成的教條。

蒂娜：

　　沒有錯，所以要先在自己的識別能力上下工夫。

博納：

　　識別而不批判是一種很高的素養。我想也是走在光的途徑上的靈魂，進展到這一特定階段的最大考驗。我發現自己只要一不小心，就陷入在批判中。

蒂娜：

　　這要先達到自我的淨化之後，才能有這種撥雲見日的工夫。我們都還在過程中，只要保持覺知，努力使自己達到這種素養即可，不要過於苛責自己。我想，我們如果能隨時給予別人；包括自己的父母、配偶、子女與親友成長與進展的時間與空間，並以這種同理心的態度來調整自己，就能逐漸緩和那嚴峻苛刻的心，並培養出恢宏的氣度。

博納：

　　除了選擇識別，選擇不批判之外，還有那些選擇可以使我們平順地走過種種成長的考驗呢？

蒂娜：

　　不和別人的人生經驗做比較，也是非常重要的。我們像大海中的波浪，同為大海的一部份，各種因緣使我們成為大大小小，此起彼伏的海浪，但最終都要回歸成為海水。所不同的是，我們生命中的每一個起伏，都是一個靈魂成長的契機。因此，選擇專注在自己當下的經驗中，將使我們比較快速，也比較容易走過生命的考驗。

博納：

　　這是因為每個人在不同的時間所要學習的課題不同，因而有不同的生命經驗之故。所以我們要專注在自己所面臨的狀態帶給我們的是什麼樣的訊息，要我們領悟的是什麼。

蒂娜：

　　是的，如果你忙於與別人做比較，你將偏離內在的靈性，這種偏離，如果不是使你因而產生貢高我慢的驕傲之心，便是使你陷入在感到自己是卑微的沮喪中。

博納：

　　如果我們願意接受無論自己處在順境或逆境中，生命的每一時刻，都充滿著各種可能性與各種機緣，關鍵在於我們的選擇，我們便不會忙於與別人做比較了。

蒂娜：

　　是的，一旦我們學會面對考驗時，把焦點放在如何在愛與智慧中做選擇，我們便能找到一個較高的，符合真理的解決之道，我們的靈魂也將從中更上一層樓。重點在於做出使我們的思想、意識、

頻率與能量得以在進展中進入較高層面的選擇，否則因錯誤的選擇
而產生的因果的迴力，往往排山倒海地沖到你面前。

博納：

這麼說選擇保持與內在心靈、內在真理、內在之光連接是獲得
自由的關鍵；溫柔的心是平順的關鍵⋯⋯看起來，似乎一切真理
的法則都是環環相扣的。我看我得重新咀嚼上次所談的識別與批
判呢！

蒂娜：

真理本身是很簡單的，只是人類在較低次元中因多元化的製
造，使生命變得複雜化，使我們得從不同的角度去領悟、去體會而
已。另一個重要的關鍵是如果我們不先淨化自己、整合自己，這一
切都是紙上談兵，既無法真正領悟，也無法真正實踐。

博納：

所以妳才會一再強調，如果要走「光的課程」這一途徑，最好
依課程的設計，從初級課程開始清理淨化較低體系，是一個很重要
過程，是吧？

蒂娜：

答對了！

輪迴之探討

博納：

　　有人說有輪迴，有人說沒有輪迴，但都說靈魂是永恆的，如果靈魂是永恆的，卻沒有輪迴，那麼肉體生命結束之後，靈魂會到那裡去呢？

蒂娜：

　　這個問題要看從什麼角度來說，靈魂有一個由所有經歷所形成的意識，有人稱之為神識，佛家稱之為阿賴耶識或藏識。我認為說沒有輪迴的說法指的是沒有特定的一個「人」在輪迴，說有輪迴指的是有一個特定的神識在宇宙各次元中流轉移動，或在三度空間重複或延續同一種意識，直到它的意識轉化，與光融合為止。一個習修 Urantia Book 的朋友 Suzanne，曾基於她從中所獲得的領悟寫出一本心得，並獲得基金會的人之認可出版。經由她的同意，我錄取幾段與輪迴有關的部份與你分享：

　　「有些人所堅稱的『多次的生命』，是一種由此時開始的『自我』的經驗。因為能量會擴展，頻率會淨化，人類是順著一個層面一個層面的淨化而上升的。人對前世理念的混淆，是基於頻率在二十七個階段的重複模式，並在遺傳中延續著。每一個存在皆儲存著祖先的意識與能量。所以使得我們看起來好像經歷著他們的生命，事實上，那只是穿了他們的鞋子，它是一種家族頻率所延續而來的生命。然而，我們所要追尋的是將個人的頻率與神聖完美的品性融

和在我們的物質生命中。這種運用前人的至善智能而產生的和諧將隨著個人的自由意志一再體現。

然而，你們可能會問：那麼因果又是怎麼形成的？如聖經所說的，你所播下的種子，就是你所要收成的。在你頻率中的一切行為，就是你所要斬獲的。因為能量的吸收與擴展是一個宇宙法則。所有的思想、言語與行為皆是建立靈魂華廈的牆。

這些靈魂華廈無法以肉眼來看，它們只能在 Morontia 世界中的 570 個層面的學校中顯現，並從中學習。地球與地球人類與其他次元的連接是無形的，人類只能看到物質次元中的事物，無法看到肉體生命結束之後所前往的次元。

就像鋼琴有一組琴鍵，所有的琴鍵必須和諧地彈奏才能舒發優美的音樂一樣，地球這一次元也需要每一個人在和諧中才能譜出美好的曲調。每一個靈魂團隊必須一再演練，直到正確完美為止。

但如果人類靈魂在地球上無法學習讓自己進入和諧，那麼當肉體生命結束之後，便得前往 Morontia 的世界中繼續學習。

一個靈魂在這世界的學習結束之後，依然仍在永恆的宇宙中不斷地學習。地球這物質世界仍繼續存在，而我們也將在永恆的律動中持續回響著。

所謂的『古老的靈魂』，是指在物質世界中選擇持續以前人和諧的生命形態來完成他們的生命的靈魂。沒有任何人可以取代你的靈魂，你也不能取代別人的靈魂，在永恆中，我們將有一個屬於我

們自己的靈魂。這個星球是我們靈魂在永恆宇宙中之旅程的第一步，所有的靈魂最終都將回歸我們的宇宙天父。

在永恆宇宙的未來中，所有星球的生命都在和諧中並認知我們是神所創造的不朽兒女，我們參與神的創造，每一個靈魂之個性自我的經驗對上主來說都是需要的。」

上面的論述代表著一個思想門派的觀點，我不是說她的認知是絕對的，何況語言文字所能表達的有限，每個人透過文字所能領悟的範疇也不同，我只能簡軛地提供出自 The Urantia Book 之一思想學派的論說，最終還是要由每個人在領悟中取得自己的認知。由於這一問題的探索範圍極其廣泛，我們姑且在此告一段落。

博納：

我發覺目前自己的程度還不夠，無法針對這一角度與你探討。你提到 The Urantia Book，這是什麼樣的書？還有，妳剛才提到的一些「頻率在二十七個階段」、「Morontia 世界」、「第 570 個層面」……這些我都沒聽過呢？

蒂娜：

我也不知道什麼是「頻率在二十七個階段」，這需要研讀過這部經典的人才能理解。我們目前只能從 Suzanne 的論述中取得一個另一學派的觀點。這部經典我只看過一遍，很想多看幾次，只是一直還沒有機會，因它太浩瀚了，有二千頁之多，涵蓋天上人間的一切事物。它是一部二十世紀的經典，許多人是窮其一生在研讀，就像有人持修一本聖經，有人持修一部華嚴經，有人持修一部法華經

一樣。這部經典屬於 Urantia 基金會，已有許多不同語言的翻譯，目前的中文翻譯正由大陸的一群學者在進行著，預計 2008 年出版。

Morontia 的世界據我的理解，是一個屬於乙太層面的層層次元，佛家所謂的中陰世界。在經典中有上百頁的討論，你可先閱讀英文原版或等中文版問世。我建議你看英文原版，因它優美文字的運作，使人在閱讀中便能獲得賞心悅目的享受。

十多年前我曾譯出它的簡介，為的是希望接引一些朋友們閱讀這部經典，但一直未看到有人進入這部經典。也許是時機尚未成熟吧！

附錄：玉茝廔的簡介《THE URANTIA BOOK》

玉苒廈的簡介《THE URANTIA BOOK》

譯者：杜恒芬

內容

簡介

「玉苒廈」是一部結合科學、哲學與宗教的二十世紀的啟示錄。

這些教導將幫助你找到：

更臨近上帝的途徑。

成為一個心中有愛的人之方法。

了解宇宙以及死亡之後的生命真理。

學習面臨困境時的應對之道。

從文明起落的滄桑史中悟出道理。

如何生活在耶穌基督的教導中。

第一部　中心宇宙與超級宇宙

「你們不是孤獨的」，這是「玉苒廈」在第一部中所闡述的。

宇宙是由千百萬個有生命居住的星球所組成的團隊，有許多天堂般的世界及具有很高靈性的生命。你們不是偶然地存在於這地球上的。神聖智能為神聖目標而創造人類。

「無以計數的銀河星系，都是為了許多不同類型的智能受造物在未來得以居住而創造的，這些智能受造物有理解上帝，接受聖愛，並以愛來回報的能力。眾宇宙中的宇宙是上帝的創作，也是許多不同受造之物的居所。」（21:11-14）

你們居住在一個友善的、有組織的、行政效力很高的宇宙之中。你們是神聖計劃中的一部份，為了更偉大的、更喜悅的事奉，天堂聖父在這計劃中使你們臻致完善。你們在地球上的生命是你們進入神聖的永恆之旅的開始。

「在上帝的心識中有一個計劃，這計劃涵蓋所有在巨大的領域中的受造之物，這是一個具有永恆目標的計劃，有著永無止境的機會，是無限的進展，並且生命是永不結束的，永恆的目標就在眼前。每一個努力使自己具有信心與信任的人，將獲得某種勝利的榮耀。」（364:24-27）

這是第一部，它豐富並擴展心靈，它是全面更新的！然而，書中使人恢復信心與勇氣的智慧，就像地球上最古老的真理般地，我們內在心靈的深處對它產生了很大的回響與共鳴。

在「玉苒廈」中所描述的宇宙故事，從自然的造化開始到宇宙天父的屬性為止，都有著明晰的解說。你們對上帝的領悟將成為一個理解萬事萬物的基礎。上帝有如一個具有慈祥與關愛的人物般地光芒四射，對每一個人而言，都會是一個足以信賴的天堂裡的父親。

你們與造物主天父之間的親密度取決於你們是否接受引導你們生命的內在指引，是否能打開自己接受無條件的愛。如果你們有這意願，你們就能成為一個對天堂聖父深具信心的孩子，並成為一個能分享的臨在。

當第一部結束的時候，你們將學到：

・上帝是誰，上帝在何處。

・天堂聖父如何轉化你們的生命。

・屬靈的天使聖團們（三位一體、天使們、天使聖團們）的本質與角色。

・宇宙的起始，它的方向，以及你們在其中的角色。

・宇宙的組織與行政方針。

・對死亡之後的生命有一個基本的概念。

・為什麼上帝給予你們自由意志。

第二部　地方宇宙

第二部所描述的是我們的所在的宇宙，我們的地方宇宙共有一千萬個具生命存在的星球。在第二部中，你們將了解到在我們這空間領域中的人、事、物對你們的未來所產生的直接影響。

地方宇宙是超級宇宙中的一個。地方宇宙是建立天堂的基本布局、行政單位以及靈性成長的地方。我們所在的這一個地方宇宙－訥巴登，是由造物主聖子所統轄的，在我們這一地球上，被認知為那撒勒的耶穌。

大約在二千年前，這「唯一的」聖子邁可離開訥巴登總署的領導位置，以耶穌之名降臨地球。祂一再地告訴祂的門徒說祂不是來自這個世界，而是來自天父。

在第二部中你們將發現：

・耶穌降臨地球之前是誰，他現在住在那里，以及他如何在永恆中引導你們的生命。

・地方宇宙的行政方式以及天文學的星際組織。

・天上人物包括你們的守護天使的角色與本質。

- 撒旦與路西弗究竟是誰，在他們的背叛之中到底發生了什麼事。
- 為什麼地球人類陷入在混淆的掙扎之中。
- 在先進的世界中，人類有著什麼樣的生命形態。
- 當你們死亡之後，你們將到那裡去，當你們復活之後，是什麼樣的景像。
- 你們將如何在另一個世界中與你們所愛的人以及你們的朋友們重逢。
- 愛與公正如何在天堂中運作。

第三部　玉苒廈的歷史

當你們讀完「玉苒廈」的第一部與第二部之後，你將感到自己像是一個太空人般地從遙遠的太空中回到地球上。第三部敘述四十五億萬年以來的地球生命史。它追溯到九十九萬三千五百年前，最先在地球上誕生的亞當與夏娃。

除了標示出我們肉體生命的進展之外，這一部份尚且描述文明的進展、工業的發展、行政制度、宗教生活信仰與家庭生活的演變。從人類的憂患史與進展史中，顯示了我們正朝著更美好的世界前進。

在第三部中你們將學到：
- 從科學的角度探索我們的太陽系的起始以及我們的世界。

- 在聖神指引下每一個進展的階段與過程。
- 魚類、鳥類、恐龍與原始生物的歷史。
- 人類如何在地球上進展以及在地球進展的原因。
- 最早期的兩個人類祖先的故事。
- 阿瑪頓、亞當與夏娃、亞伯拉罕、摩西、老子、孔子等地球
  行星上的英雄人物的勝利史與悲劇史。
- 文明的起落。
- 路西弗叛變期間的黑暗歲月。
- 政治體系的進展與世界和平之道。
- 成功的婚姻與完美的家庭之道。
- 個人的宗教信仰如何帶給你永恆的快樂。
- 上帝之靈如何存在於你們之內並確保你們的永生。
- 如何以更有效的方式祈禱與敬愛神。
- 如何克服邪惡與苦難。

第四部　耶穌的一生與教導

　　第四部是一部極具啟發性的耶穌的傳記。從他在伯利恆出生開
始直至他在耶路撒冷生命結束為止，書中詳細地描述他的童年時
期，他在青少年時期如何克服困難，他的旅程與冒險，以及他個人
的和公開的引人入勝之軼事。

　　「玉苒廈」除了與聖經有共通處之外，它所帶來的新的訊息與具有啟發性的洞見更是獨具風格。在細細描繪耶穌的生命之中，它所強調的是耶穌的信仰，而不是要我們信仰耶穌。如果你愛那聖經中所描述的耶穌，從「玉苒廈」中你將對他產生更多的敬仰，並對他的生命與教導有更多的理解。

　　耶穌是一個堅強而勇敢的人。他的真摯、他的熱忱、他的勇氣，他對人類的愛以及他的忠於真理，在任何時代中都具有極大的啟迪。「耶穌具有完美合一的人性。現在他還是像在加利利時一樣，繼續為整合可朽生命的經驗以及為使人類達到平等而努力。

　　他使生命融合，使人類的德行更高貴，使經驗更單純。他深入人心，提升、轉化並聖化人類的心識。誠如文中所說的「任何人的內在之中如果有耶穌基督的存在，他便是一個更新的受造之物；舊的事物將褪除；看哪，一切都成為新的。」（1103:27-31）

　　第四部包括：

- 耶穌失蹤時期，耶穌父親過早的死亡。
- 耶穌幫助母親扶育七個兄弟姐妹，麗貝卡的求婚。
- 耶穌的職業及沙漠之旅，他在埃及、羅馬以及裡海的旅程。
- 他的一生與門徒，他幫助幾百個人的故事。
- 治病的故事，釘上十字架之前的黑暗期。
- 耶穌復活與復現，真理之靈的力量。
- 人類的神秘本質與聖神耶穌。

在聖經裡，耶穌是知名的佈道者以及寓言家。在「玉苒廈」中，有六十五個以上耶穌所講的寓言，以及足以改變生命的有關愛、實相、憤怒、財富、天使、自主、自尊、真正的宗教、平衡的個性、科學、哲學、物質成就、精神的自由、神聖的寬恕、機智與神力、誘惑、世界之光等新的論述。

玉苒廈所闡述的七大真理

1. 上帝是人類存在的最偉大的體驗。我們每一個人都能體驗到上帝，因為我們都是宇宙天父的兒女。

2. 如果你對上帝有信心，你將獲得永恆的生命。

3. 愛是宇宙中最大的力量。你們必須像耶穌般地愛別人，事奉別人，事奉自己。

4. 上帝的部份實體就在你之內。

5. 你們居住在一個具有智能與愛的宇宙中。

6. 人類的生命有一個神聖的目標。我們地球的歷史有特定的意義，對我們目前的狀態以及未來一代的前途都有永久的價值。

7. 在這世界上最重要的知識是了解耶穌終其一生的教導。最重要的靈修是生活在耶穌的教導中。

真理的追尋

每一種宗教的教導都蘊含著某種真理，並幫助個人對上帝的探索。然而，沒有任何一個宗教、一本書，或一個時代能涵蓋所有的

真理，或壟斷任何部份。真誠地追求真理是通往上帝之路，因為沒有上帝便沒有真理。

「玉苒廈」提供許多有利於你們追尋與探索的新訊息與正面知見。它啟發了許多人探索上帝，成為人們通往上帝的新途徑。自一九五五年出版以來，它吸引了無數的讀者。它在當代哲學與宗教上已成為啟發創造性思想的最佳來源之一。

雖然「玉苒廈」已出版了許多年，尚未匯成為一股宗教潮流。然而許多教師、牧師與社會人士都引用書中屬靈的洞見來豐富自己的傳承。

無論你的宗教是什麼，如果你以開放的心來閱讀這本書，你將發現自己探索真理的視野更為開闊。

玉苒廈的出處與來源

玉苒廈在一九三四年至一九三五年之間完成，出版於一九五五年。書中顯示作者是一群超越物質體的存在（如天使）為啟發我們而作的啟示。是繼耶穌之後新紀元與第五紀元的第一本啟示錄。沒有任何人與這部經典的著作有關，因此它如何轉述則不為人所知。

就像所有其它的宗教書籍一樣，它的價值應從其教導所帶來的心靈成果來評定，而不是來自於任何作者來宣稱。在它屬靈的訊息真正地進入你的靈魂之前，你可以將它當做是一本美好的文學讀物，只有你內在的神性能對它的真實性做最後的評定。

如何閱讀這部經典

因為「玉苒廈」是一部厚重的經典，它所涵蓋的主題非常廣泛，你可以從它的目錄中找出你比較有興趣的部份，從中開始。

有些人從頭讀到尾，這種一頁一頁順序地讀，使你對它的教導有個全面的理解。檢查書中不同的章節，你將發現它一章比一章容易閱讀。你讀得越多，就越能了解它的內容安排的合理性。

前言，第一部與第二部是最難讀的部份。不要氣餒，這些部份所描述的是一個龐大的宇宙組織，天使聖團的品位，以及死後的生命。雖然這些理念很可能使你感到超越你所能理解的，堅持不懈地讀下去將帶來絕對的效果。「玉苒廈」中的語言是清晰的，它的文字是極其優美的。

後記

「玉苒廈」（Urantia）於一九五五年問世，是引導人類進入新紀元思想意識的幾部重要經典中的一部。因語言的限制，翻譯的難度極高，對中文來說更是巨大的挑戰。為此之故，目前為止，基金會尚未能完成修訂的工作，書的中文名僅是我暫定的譯名。Urantia是宇宙中較高存在對地球的稱呼。我以「玉」代表地球是宇宙中的一塊瑰寶，「苒」代表地球在時空的荏苒中向較高層面進展的本質，「廈」代表地球是宇宙中的一座華廈。在正式譯名出來之前，此譯

名純然是我個人對地球的認知與讚美所暫訂的書名。當中文版問世時，請讀者以基金會的書名為准。

中文版的翻譯目前只是在開始審閱當中。至於何時出版，還沒有確定。基金會擁有所有中文內容版權，不允許未經審閱版本流出，為的是避免錯誤的翻譯所帶給讀者的錯誤認知。英文讀者請直接閱讀英文版。

光的課程資訊中心謹介紹有這麼一本書，資訊中心與擁有本書版權的基金會並無聯繫。

宇宙法則 Universal Law

博納：

　　我們常常聽到的「宇宙法則」指的是一種宇宙的法律嗎？

蒂娜：

　　宇宙法則指的是宇宙萬物的運作原則，當然它也意味著一種規則。像交通規則一樣，如果大家不遵守規則，小則造成交通混亂，大則造成傷害。

博納：

　　但一般人對這種看不見、聽不到，既模糊又神祕的「原則」，是很難搞清楚的。

蒂娜：

　　早期因地球稠密的頻率，只有少數開悟的智者能參透這些道理並教導這些宇宙法則；在那個地球及地球人類尚未進入加速進展的時代中，一切都在緩慢的步調中進行著。由此看來，人類的心識也是在生命的歷練中逐步領悟呢！

博納：

　　現在，我們正處於地球要加速進展的時代，在這奔騰的時代中，似乎一切都是快速回轉著，這個現象也使得很多人措手不及，陷入在一片茫然中，引發許多躁鬱及心理上、精神上的疾病。

蒂娜：

　　是的，在這地球頻率加速振動的時期，人類如果不與自己靈性的層面連接，並從中獲得支撐的力量、或者不配合地球的律動及整體人類進展的速度來運作，無論是身體或心靈意識都極易陷入在混淆中，也往往造成外在生活的紊亂，生活的紊亂又反過來造成壓力，便不自覺地進入負面循環中。

博納：

　　因此瞭解宇宙法則已不光是修行人的事，它已是全體人類必須知道的常識。好比古人是靠兩隻腳走路，我們則有汽車、飛機可以搭乘。遵守宇宙法則，善用光的能量，就如同搭乘火箭，能快速回歸我們自性的源頭。

蒂娜：

　　是的，你的悟性真是越來越高囉！瞭解並能實踐宇宙法則的人，便能順著這股加速進展的動力，使自己的身心快速提升，使生活進入安寧與和諧中。

　　況且，宇宙法則的運作是不管人們是否瞭解，反正都一樣產生迴盪與影響。

博納：

　　宇宙中有多少法則是我們需要知道的？

蒂娜：

　　所有的宇宙真知、宗教哲學，都在闡述著宇宙法則。另外，我們所知道的能量、頻率、因果、互動、互補、物以類聚、宇宙實

相……等恆古不變的真理或道德標準，都在一種有跡可尋的法則內進行著。

博納：

　　這些法則似乎是一環套一環，相互關聯的。

蒂娜：

　　是的，我們存在於一個全息的宇宙中（holographic universe），只有全面瞭解它們的運作原則，才能使自己及宇宙生命進入有序與平衡中。

博納：

　　那麼我們得像宣導交通規則那樣，幫助人們瞭解這些法則囉？

蒂娜：

　　語言文字上的探討只是在頭腦「知」的層面上做文章，想要完全瞭解這些法則，每個人還是必須經由心靈的領悟，並將這些法則實踐在生活中，才能產生真正的效果。

博納：

　　可是，我還是很想知道到底有哪些重要的法則？

蒂娜：

　　OK！我們會在後續的篇幅中慢慢探討這些法則。

一的法則 The law of Oneness

博納：

在行星七的圖形與密碼中，愛喜斯說：「一切即一」；「一即一切」，真把我搞的「一」頭霧水。

蒂娜：

所謂「一」的宇宙法則，就表示存在於宇宙全息圖中的萬事萬物都是息息相關的。

博納：

？？？？？？？

蒂娜：

這個「一」指的是完整的宇宙心識。所有的心識都源自這宇宙心識，並存在於這個心識中。一切事物皆從這宇宙心識的頻率中衍化而生。

博納：

這麼說來，宇宙心識就是我們常說的「萬物之源」或「造物主」囉？

蒂娜：

是的，因此祂是全知、全能的，直接由祂所煥發出來的能量便是光，我們人類也是這樣來的；因此只要我們沉靜下來，便能進入光中。

博納：

　　但要達到融入光中的靜定工夫可沒那麼容易吧？

蒂娜：

　　我們的肉體生命是光的頻率層層降低之後的物質層面，因此要回到光中，還是要逐步提升意識與頻率。這就是為什麼上師們提供了「光的課程」這個途徑，為的是帶領我們從較低體系的層面開始提升與淨化。

博納：

　　有些人宣稱在靜坐中看到光的色彩，或能看到物質體外圍發出的光，這就是進入光中，與光融合嗎？

蒂娜：

　　在靜坐中看到光，還是屬於較低體系的交互感應作用，是身體神經系統的回應，與證入光明自性是兩回事。然而，如果能認知這點，不執著於這種境界，繼續深入便能達到整合較低體系的效果。

博納：

　　有人說「光的課程」含有頻率密碼「coding」，可以改變我們的細胞記憶與遺傳基因，這是真的嗎？

蒂娜：

　　不僅是「光的課程」，任何來自較高層面的訊息，都具有極高的能量以及轉化較低體系負面頻率的智能。除了「光的課程」之外，其他來自較高次元的體系所傳的資料，也是如此，閱讀這些資料及任何道統宗教的經典，一樣可以接收基督聖靈、諸佛與眾神的加

持。這是因為當我們閱讀經典或上師們的訊息時，儘管我們不一定
全面瞭解其中的含義，但思想意識便同時與之產生共鳴與共振，所
以我們還是都能接收到蘊含在訊息中的智慧，有人把它稱之為密碼
（coding）。這不是什麼神祕的事物，以後當我們討論到能量與頻
率法則時，會再提到這些。

第二次元 vs.神經系統

博納：

在系列一的介紹中有這麼一段：

「當你的感受體或第六感漸漸打開時，會產生某些不同的感應。你的夢境會顯得更清晰，或在第二次元的層面上發生曾經出現在你夢中的事件。有時候你或許會有頭重腳輕或某種不平衡的感覺，這是因為你正在密集地清理你自身的神經系統，以及正在清理理性體上虛妄的影像。這種情況，在使用橘色之光的過程中，會更為突出和明顯。」

這裏所說的第二次元的層面上發生的事指的是什麼？

蒂娜：

First dimension 第一次元或第一度空間指的是點以及由點所組成的線——是長度。Second dimension 第二次元或第二度空間指的是由線所組成的具有長度與寬度的面。我們內在的思想意識便在這層面上反映一切未顯像的事物。當宇宙的創造勢能持續運作時，便在第三次元或第三度空間具體顯現。我們夢中的事物，往往先在第二次元中演出，在強烈的思想焦點下，它持續在第三次元中顯現。當我們在最高的覺知中時，便能清除正在第二次元中所進行的虛妄的或負面的創造，使它不致呈現在第三次元的顯像世界中。因此在「光的課程」中，行星的較高級次便常常帶領我們進入起因體的層面，進行清理與淨化的運作。

博納：

　　教材中好像沒有明確地告訴我們起因體到底在身體的那一部位？

蒂娜：

　　起因體不在身體的器官上，它像阿卡沙記錄一樣，在心靈意識中，我們的精神、我們的心是多次元的，因此這起因體也貫穿在多次元的層面上。

博納：

　　用點、線、面來詮釋我們的創造真有意思。那麼行星中所用的三角形及金字塔等幾何形體是否也屬於多次元的能量運作與交互感應呢？那麼它們必然也有特定的含意了。

蒂娜：

　　是的，它的含意很深。它涉及數學與天文學，無法三言兩語地說清。很多時候，上師們不想把我們繞到理論中，他們希望我們把焦點放在能量的運作上，因此一些理論性的東西便點到為止。當然，做為學生，我們自己可以去探索，以後有機會我們再來討論，今天先就你對這段的問題來討論。

博納：

　　這裏特別提到神經系統，為什麼？

蒂娜：

　　神經系統不僅吸收人與人之間所散發的思想與心靈意識，也吸收來自較高層面的思想與精神意識。我們要從動物性的自我回歸神性自我，必須瞭解至高層面的精神意識以及神聖計畫。要達到這

點，我們的思想、我們的心靈，都需要逐步領悟宇宙意識，這種領悟來自較高能量所注入的較高思想意識，因此強化神經系統是一件非常重要的事。也就是說我們的身體需經由一段很長時間的調整與訓練，否則脆弱的神經系統將使我們無法承受來自較高層面的頻率，因為如果讓較高頻率驟然注入纖細的神經系統中，將會在身心上造成極大的傷害，甚至導致死亡。

博納：

　　哇！聽起來好像武俠小說的走火入魔喔……那如果我們沒把前面的級次修好，便進入行星級次會產生傷害嗎？

蒂娜：

　　來自較高層面所注入的較高能量是依每個人的意識層面而定。靈魂自身會依每個人所能接受的能力轉化、調整注入較低體系的能量。在「光的課程」中更是如此。每個人將依自己的時間與速度而學習與進展。

博納：

　　也就是說如果我們渾渾噩噩地混下去，而不去真正打開自己的意識層面，不去面對自我裏的思想與情緒，甚至自以為是天才，可以跳級，那麼即使我拿著行星八、行星九甚至天使級次的教材在看，較高次元的能量也不會注入我的較低體系中？

蒂娜：

　　可以這麼說。因此在「光的課程」中，每一級次所帶給我們的不是更深奧的宇宙天文學或哲理，而是更高更細緻的能量，這種能

量自然會將較高智慧注入我們的存在中。許多偉大的發明或設計便是在較高智慧的啟發中產生的。

博納：

所以說為了迎接這種更高、更細緻的能量，我們必須逐步地喚醒我們中樞神經系統的每一個能量中心點，並學會掌握每一個脈輪中心點的運作是嗎？

蒂娜：

對了，就像你貴為博士候選人，仍然謙和地從最初淺的第一級次開始一個級次一個級次地走過它，這必然是來自你內在的智慧。

博納：

嗯，只能說我沒有笨到不知道自己尚未開啟那自身存在中的至高智慧。我就有朋友看到初級教材從身體開始，認為自己身體很好，只是 EQ 不好，造成許多人際關係的困擾，為了快速調整情緒，便直接進入第二級次情緒體，結果身體出現很多狀況。

蒂娜：

由身體級次開始，不是因為上師們認為我們身體不好，而是當一個人踏上光的途徑時，表示他願意向較高靈性意識打開，這時較高次元的頻率自然會開始注入各個體系上，而身體即是第一個接收這些頻率的載體。因此我們必須在身體的層面上做好準備，尤其是神經系統，需要更進一步地強化才能承受較高頻率的注入。

博納：

走完第一級次我們就能把身體調整到位嗎？

蒂娜：

當然不是！心靈的進展需要我們的身體這一載體的配合，以便適當地承受較高能量，然而身體的轉化也需要心靈意識配合進展才行，兩者是相輔相成的。因此，在「光的課程」中，無論哪一級次、哪一階段，光的能量都還繼續在我們的身體上運作，一點一滴地精煉我們的身體與心靈，使我們的身心成長得更茁壯更細緻。

博納：

難怪即使到了行星的較高級次，還看到上師們重複不斷地帶著我們引導能量在我們的身體上運作。我總是為這些一再重複感到不耐煩，好像每個級次都在做同樣的事。現在我明白了，每一級次能量運作的程度與層面是不同的。這也是為什麼每進入另一級次，身體也還是會產生一些不同的清理過程。現在我最想知道的是如果我們從頭到尾走過一次，是否就能把身體調整到接收較高頻率的狀態了？

蒂娜：

這要看每個人的根基。一般人很少一次就能完成上師們在每一級次設定的目標。很多人在回頭重新複習時，才發現自己對上師們的訊息有真正的領悟，身體也才真正地開始轉化。

博納：

很像有人終其一生專修一部經典，在反復中逐步提升與領悟一樣。

蒂娜：

　　是的，任何經典無論是聖經、佛經、可蘭經、光的課程、奇蹟課程，只要相應，一門深入地反復體會、修持與實踐，都可以達到提升的效果。

第五次元 Fifth Dimension

博納：

　　傳說地球即將從第三次元（即三度空間）經由四度空間進入第五次元，我知道三度空間是我們所存在的世界，但四度空間是什麼？五度空間又是什麼？

蒂娜：

　　讓我們從一度空間說起：一度空間是礦物的世界。生命勢能就是由這一度空間開始煥發流動的。

　　二度空間是植物的世界。從這度空間開始，生命依自己的形態而複製。我們發現從這度空間開始，一切生命都需要光來維持生命。

　　三度空間是一種由精神透過物質顯像而成立的空間。世界末日指的是三度空間的結束。也就是說，任何不在愛與真理中，屬於較低頻率的事物都會瓦解。在這地球即將進入第五次元的前夕，能調整自己的身心意識，並願意從較低頻率轉向較高頻率提升的人，將比以往的任何時代更能順著這股能量上升，並在大宇宙中向更高的次元前進。不願意做提升與改變的人，則很容易在個人的生活上、精神上，或身體上出現問題，這是因為自身的頻率不能與轉化中的地球頻率產生和諧共振之故。

　　當地球要進入五度空間時，有些迷戀著三度空間之物質現象的爭鬥、吵鬧、吸毒、悲傷、憂愁、控制等遊戲的人，將會前往與他

們的意識相應的地方，繼續玩他們所喜歡的遊戲，直到他們想改變為止。

　　四度空間是乙太星光體的層面，通常是初離開肉體生命，未能進入較高次元的靈魂所存在的空間。它仍是一個虛幻的、二元對立的世界，其中仍有善惡、男女、光明與黑暗的區分，是三度空間的延伸。人類常受到這一次元的意識能量所干擾，但它也是一個進入較高次元的入口處，必須通過這一次元才能進入更高的次元。

　　五度空間是一種在完全和諧之精神意識的純能量體的存在們所處的空間，那是一種細微的思維能量，也就是「愛」的能量。

博納：

　　除了五度空間以外，還有更高度的空間嗎？

蒂娜：

　　尚能用語言來描述的還有六度空間與七度空間。六度空間是一個更高頻率的世界，有著全然不同的色彩與音律。這一度空間儲存著瑪卡芭（Merkabah）的圖形與密碼。它是銜接較高次元與較低次元的橋樑。因為較高次元與較低次元都是整體中的一部份。

　　七度空間儲存著較高智慧、宇宙智慧、宇宙法則。默基瑟德天使聖團即從這個次元，以思想的傳遞、心靈的感應將這些智慧與法則層層傳遞到頻率較低較稠密的空間，如我們所居住的三度空間。

博納：

　　聽起來好科幻喲！人類又如何從三度空間進入五度空間呢？

蒂娜：

宇宙中所有事物都是一種能量，我們的身體是一種能量，我們的情緒、感受與思想是一種能量；一句話、一個行為、一種經驗都是一種能量，而能量的頻率可以互相流動、互相轉化。一般來說，較高的頻率可以轉化較低的頻率。來自較高次元之光譜的能量不斷地放射到地球上，這些能量含藏著人類進展的藍圖，以及滋長人類進展所需的元素，在行星七的圖形與密碼中稱之為瑪納（精神糧食）。

這些較高頻率被傳遞到地球磁場上，當人類的腦波與這頻率相互感應時，光的語言便下載到人類的較低體系中，從而提升與轉化這些體系中的頻率。至於如何進入，目前我尚未能找到這方面的資料，只知道我們必須為自己能夠接收較高頻率與較高次元的思想念相做好準備，時機成熟時便自然會發生

博納：

人類在接收這些來自較高次元的能量時，會有什麼反應嗎？

蒂娜：

每個人的反應不同。一般來說，接收巨大能量波的衝擊，多少總是會有些反應。有些人在身體上呈現一些類似生病的不適反應，有些人感到一種焦躁不安或疑惑混淆，有些人感到疲倦或頭昏眼花；但如果我們持續以光來清理這些累積已久，現在才浮現出來的負面元素，將能比較快速地走過這些過程，進入清明的狀態中。因

為我們愈是能夠讓光進入我們的意識，我們的心識將愈能與較高次元連接，從而脫離較低次元的影響力。

博納：

來自較高次元的能量既然是「愛」，何以會令人產生不舒適的感覺呢？

蒂娜：

因為這些頻率將改變人類的分子結構，使儲存在細胞、遺傳基因，以及靈魂意識中的負面記憶開始瓦解。任何分解的過程總是令人感到不舒適。這是出自較低體系自身的反應，與「愛」的能量無關。

中　性

——陰陽平衡、剛柔並濟是地球及人類進入第五次元的必備條件

博納：

　　有人說現在男人太軟弱過於女性化了，而女人太強悍，過於男性化了，認為這是世風日下，有人則說這是因為地球需要陰陽平衡，因此男人與女人都在求取平衡，我不知如何看它，只知道我面對強悍的女人時，真是不知所措，只能溜之大吉。

蒂娜：

　　陰陽兩個字不是僅指一般人所認知的男性／女性、雌性／雄性等身體或物質體的差異，宇宙中的一切事物本身都隱含著雌性與雄性兩種本質，在人類本質上，這兩種能量不僅存在於身體，也存在於理性思想體、靈性體或精神體中，存在於我們肉眼看不見的事物上，如熱能、光能、電流、磁場等也是具有陰性與陽性的能量。

　　人們以「陰」這個字來代表負面、黑暗，以雌性代表柔弱、無力，以「陽」這個字代表正面、光明，以雄性代表剛強、有力。這只是因人類所能運用的文字有限，由於人類局限的思想邏輯而延伸出來的理念。事實上，陰或陽兩種能量都各自具有同樣重要的元素本質。

博納：

是的，我們總認為男人要有十足的正面思想與行為，要有自我控制的毅力，甚至要有足夠的陽氣才能升騰，所以古代認為要以男人之身來修行才能得道。

蒂娜：

這種說法是一部份人的邏輯思維。我們無意去論證各門各派的邏輯思維，只能提供一些我們所能認同的，讓大家自己去思考。根據資料顯示，要進入第五次元需要陽性能量所代表的正面思想、毅力、擴展、開展等動力沒有錯，但也需要陰性能量來將一切事物帶入平衡中。陰性能量代表共同創造，以溫柔的手將思想編織成一幅織錦圖。這一切都需要先從我們個人的內在展開，才能與陰陽平衡的大宇宙融合。

博納：

所以每個人都要先達到內在陽性與陰性的平衡，不能單純地過於男性化或女性化？但是如果男人不是強者，女人不是讓男人保護的弱者，或像莎翁所講的那樣：「弱者，你的名字是女人」，那世界有什麼意思？

蒂娜：

你要是喜歡那樣的世界，宇宙中必有那樣的星球可以去，自由意志的法則必然能讓你在地球生命結束時前往那樣的地方。只是根據平衡法則，兩種角色你都得經歷才行，不能任選其一。

博納：

唔！那我就要想一想了。

蒂娜：

在宇宙陰陽兩極的造化中，「陰」不是指柔弱，而是指接收與接納的一面；「陽」指的是創造思想與行為的源頭。當兩者相融合時，便展開創造過程，使思想具體顯現。

博納：

整個宇宙造化都是如此？

蒂娜：

在至高造物主之下的創造層面都是如此。陰陽兩極的能量互相吸引融合，因為即使最微小的分子也是如此。造物主—至高創造層面是一種思想（logos），因此其智慧無所不在。而這智能本身便含藏著陰陽兩極的能量。

博納：

所以人也含藏著陰陽兩極的能量，我們必須使自身之內的這兩種能量平衡才能提升，並且無論是男人或女人都一樣可以提升？

蒂娜：

是的，人類必須能純熟地運用陰性能量接收思想、夢想、視野，並運用陽性能量使它具體顯現。

博納：

我們如何讓自己達到陰陽平衡呢？

蒂娜：

在靜默中，傾聽靈魂層面較高自我的指引，學習讓你的思想、情緒、語言、行為都是陰陽平衡，也就是剛柔並濟。外柔內剛或外剛內柔都是一種不平衡。

博納：

我還是不知道什麼樣的情況我就是達到陰陽平衡或剛柔並濟？

蒂娜：

這是沒有準則的。只能說當陰陽平衡時，一個人便與自己的較高自我是整合的，這將使他在任何情況下都具有應對的直覺能力。行星課程中要我們在動力磁場與磁力磁場上運作，是一種幫助我們整合這兩面磁場的方式之一。當你有意識地引導光的能量如實運作時，它所蘊含的智慧便會在我們整個存在中依我們所能接受的程度運作。

博納：

還是太抽象了。

蒂娜：

也許我們可以從陽性特質與陰性特質來討論，但不要將它誤以為我指的是女人或男人的特質。

陰性特質：不論斷、不執著、順應、開放、沉靜、和平、謙卑、能回應、守信、小心、謹慎、尊重生命。

陽性特質：承擔、擇善固執、獨立自主、運籌惟握、統理事物、辯才無礙、進取、自信、不侷限、有勇氣、有膽識、有衝勁。

　　當我們能整合這些特質，知道什麼時候、什麼地方該運用什麼特質，我們便具有人類的全部潛力。也是人類要向更高次元進展的必備條件。

博納：

　　是的，置身於一個這樣高智慧的群體環境中，是要比置身於一群不是過於強悍就是過於懦弱的女人群中要好玩多了。對不起，應該說無論是置身於一群過於強悍或過於懦弱的男人或女人中，都不好玩。

「光的課程」與通靈

博納：

　　很多人修了「光的課程」以後，似乎就打開了通靈的能力，這是為什麼？

蒂娜：

　　上師們設計「光的課程」並非為了培養靈媒，而是為了帶領我們向更高的精神意識進展。然而，要向較高靈性進展，清理、淨化與打開覺知與敏銳度是必要的過程。知見與定力不夠的人，打開敏銳度之後，就會開始玩一般人所謂的通靈。

博納：

　　很多人對許多未知的世界感到好奇。一旦有人宣稱他們可以感知自己所不知道的事，便會出於好奇或好玩而趨之若鶩。只是很多人找這些通靈人之後，抱怨受騙或受到操控，因而影響「光的課程」的形象，我們是否應該澄清這一切行為與「光的課程」無關。

蒂娜：

　　我們只能向大家解釋每個人的心性不同，欲望不同，便各自有不同的對「光的課程」的理解與表達。更多習修「光的課程」的人，並沒有開發出通靈能力，但他們所開展的是其他方面的能力，譬如寫作、繪畫、創造力、溝通能力、處理事情的能力。有些人覺得自己有更高的智慧去理解很多事情，工作與事業更為順心；有些人則得以使一些痛苦的人際關係臻至圓滿；有些人則開發了通靈的能

力，這時旁邊的人便必須以自己內在的智慧去識別是否接受這些人所通給你的訊息。

博納：

嗯，我的確感覺自己更有創造力，以及對事情的處理能力也更有智慧了，

但就一般而言，通靈到底是怎麼一回事？

蒂娜：

因為我們每一個人都有不同的思想、欲望與心智，因而都散發著不同的，也就是我們稱之為頻率的電流或電波。一個有素養、守紀律的人所散發出的電波與那些粗俗卑鄙的人所散發的電波是極不相同的。

博納：

這與社會地位、個人財富或學歷有關嗎？

蒂娜：

完全無關，往往一個的簡樸的鄉野村民所散發的頻率，比那些在世俗上功成名就或學問、學歷很高，品德卻很粗鄙的人的頻率，要高出許多。這種頻率無法隱藏、偽造或用任何理由來掩飾。每個人所散發的頻率，都讓人立即知道他們是什麼樣的人。

博納：

但一般人感受不到這種頻率。而那些開啟感受體，具有敏銳度的人，便能感知並解讀這些電波，就成為所謂的靈媒了。

蒂娜：

　　可以這樣解釋。但靈媒有許多不同的層次，這是因為每個靈媒的意識層面不同，所能通到的層面與所理解的、所解讀的，也就各不相同，因此我們無法在這裏用一個公式去為靈媒這名詞下定義。

博納：

　　據我所知，探測頻率是非常消耗精神體力的，甚至還會損害神經系統。因為靈媒得先空掉自己的心識與意志，以便接收別人的意念。聽說為了使自己的頻率能與別人相通之下所做的調整，是很傷神經系統的。有些人越修越變得神經兮兮的，是不是因為玩神通，傷了神經系統的關係？

蒂娜：

　　我不能確定這樣的邏輯推論是否可以成立，但是神經系統稍弱或妄念多的人，是可以看到許多畫面，加上沒有正確的知見與定力去識別這些畫面，便令人感到他們在胡言亂語。

　　每當我們的身體或思想狀態改變時，無論這種改變是向上提升或向下墜落；是朝著正面或負面的思想意識而改變，都會增加我們神經系統的負荷。尤其是驟然的、爆發性的改變，不只是哀傷的打擊，即使是令人意想不到的驚喜，都會增加神經系統的負荷量。

博納：

　　由此可以理解，何以當我們進入一個陌生的或與我們的頻率不同的環境中時，會感到極端地疲憊或生病。

蒂娜：

當這些頻率的差距過高時，它的傷害力是極其強大的，往往使神經系統產生一些其他的疾病。這也解釋了為何一些敏銳度較高的人，在某種環境中會莫明其妙地生病。

博納：

這也解釋它為什麼會對靈媒產生傷害，使他們失去自身的人格特質。這樣看來靈媒因接收各種不同的頻率，又無法消化或吸收，就很容易造成紊亂……那靈媒的言論不就也變得不可靠，而沒有自主性嗎？

蒂娜：

的確是，我看到許多靈媒最終在悲劇中渡過他們的一生。很多靈媒到後來成為一些無形力量的傀儡，因為要做一個靈媒，便必須放下自主的能力，放下對外來頻率的抗拒力。往往在種種影像中，自己也變得混淆不清，最後被人認為是一個欺世盜名的說謊者。這是因為要通靈，他們就必須放下自己的思想意識，因而逐漸失去他們自身的意志力，最終只能做一些猜測，而猜測就會有準確與不準確的時候。

博納：

但是我碰過一些靈媒宣稱自己不受別人影響，因此不會感到疲倦，而且他們似乎越說越起勁。

蒂娜：

　　這種情況大多是因為他們所「通」出來的訊息不是來自被解讀者的思想意識，而是出自他們自己內在意識的投射，或是出自他們敏銳的觀察力，甚至是出自他們對別人的窺視。

博納：

　　我想濫用通靈能力或給了他人錯誤的訊息，將會在自己身上製造許多因果業力的。

蒂娜：

　　這是必然的！

博納：

　　看來成為靈媒是一個很大的挑戰，沒有我想像的好玩，如果我感到自己神經兮兮的，好像預知很多事情，或者知道很多別人的事情時，是否代表通靈的前兆呢？

蒂娜：

　　南懷瑾老師常說神通與神經是兄弟，兩者真的是一線之隔。我見過許多自稱通靈的人，事實上是有輕微精神症狀的人，他們就像你說的，越說越有勁。然而，因為他們很聰明，可以把話說得有條有理，使得一般人覺察不出他們所說的話其實是似是而非，因此我無法回答你這個問題。

　　問題在於你知道別人的事情，但對自己的真實本質，甚至自己的 EGO 在玩什麼把戲都不知道，你覺得這樣的通靈有意義嗎？

博納：

那我要如何善用自己的敏銳度呢？

蒂娜：

每個人與生俱來皆具有保護自己的本能，這種本能使我們可以抵擋外來的思想頻率。因此在這階段，你可以把焦點放在觀照自己，而不是把力氣用在窺視別人上。運用你的敏銳度去感知並接收自己內在次元的智慧，發展出更高的覺知力與定力。

博納：

許多人為了名利，嘩眾取寵，有人則只是為了好玩，便停留在玩敏銳度、玩靈通的階段，如此而誤了自己的進展，實在非常可惜。

蒂娜：

神通或通靈用得好，是可以幫助別人的。近代靈媒像早期的艾葛·凱西，通賽斯的珍·羅勃特，通奇蹟課程的海倫·舒曼，都為我們帶來許多寶貴的資料。目前許多在世間的大師，也以他們的通靈能力幫助別人。它就像金錢與權力一樣，看你怎麼用。

博納：

那麼通靈能力是可以由自己決定要不要去使用，以及要如何運用了？

蒂娜：

是的，許多具有神通的修行人都是深藏不露的，無論任何情況，都不讓別人知道他們有這種能力，我認為這才是真功夫。也有人是在確定可以幫助別人時才偶爾用一下，這也不簡單了。

也有人嘗試了一下，發現不對勁，很快便封閉或停止，這也還算有點智慧。如果想制止卻制止不了，那就要看醫生了。

博納：

那我怎麼知道如果我有了神通能力，並確定不是精神症狀時，到底是要用還是不要用？

蒂娜：

如果你已修持到能清楚認知這股無形力量是什麼，並具有足夠抵擋外來的影響力，對人類自我中的心靈意識有全面的認知，而且你也有著充分的體驗，很高的覺知與自我控制的能力，最重要的是，要對自己運用這能力的起心動念隨時都能觀察入微，那你便會知道什麼時候可用，什麼時候不可用了。

哈米吉多頓（Armageddon）──善惡對決

博納：

　　「光的課程」有提到哈米吉多頓（Armageddon）之戰，我對它的象徵意義仍不是很明白。

蒂娜：

　　聖經及死海卷軸說，這是一場世界末日中光的子女與黑暗子女之間的戰爭。基本上它有三場大戰，頭三場是黑暗之子勝利，接下來的三場是光之子的勝利。第七場，最後一場則需由光之子經歷一段激烈的爭戰才能獲得勝利。當這場戰爭勝利之後，地球會有一千年的昌盛與和平。以象徵的意義來說，哈米吉多頓之戰可以看成是一場人類思想意識的戰爭；也就是一場較低自我與較高自我之間的戰爭。基本上這是一場為了我們靈魂的存在與完美而進行的戰爭。上師們以這名稱來形容我們在靈與肉之間，或者說在較高自我與較低自我之間的矛盾與掙扎。

博納：

　　所謂的光之子女是代表什麼樣的靈魂啊？

蒂娜：

　　這些靈魂直接來自其他次元，很多靈魂投生在地球上的次數並不多，因為他們已從其他次元中學習了許多課題，並深知較高次元的實相。在雙魚座時代及那之前的時代，當他們選擇投生地球時，

他們往往選擇成為僧侶、修女、教士、喇嘛、瑜伽行者的角色。主要是因為他們到地球上來是為了將光明的意識帶給人類。

然而，在寶瓶座時代，這些光的子女以一般大眾的角色出現，置身於平凡的環境中，因為這是寶瓶座紀元的計畫。他們大多生在中產階級的家庭，有些生在經濟條件較差的家庭，這是為了使他們得以瞭解民間疾苦。這些靈魂會投生在各種嚴格的宗教家庭中，但隨著思想的成熟，他們會背離那些只有人為的制度與教條，卻沒有精神實質的宗教或教會。因為他們記起宇宙真理，以及回到宇宙天父的真正途徑。

這些靈魂分散在各行各業中，會個別地經歷一些危機或苦難，以便從中獲得覺醒。否則在他們人性自我的層面甚至靈魂層面都會因滿足而怠懈，或沉醉在三度空間的幻象中。危機與苦難使這些靈魂停止感官的享受並開始向內探索。

最終這些靈魂將把心靈的本質落實在生活的每一層面。但他們不是來創辦新的宗教，他們來是為了展現靈性真理，為人類指出一條走出枷鎖進入豐足、繁榮與和平的路。

博納：

那麼不瞭解宇宙真理的人便是地球的原始靈魂嗎？

蒂娜：

從所有的靈魂皆是造物主的受造物來說，所有的靈魂都來自較高次元。只是這些靈魂所經歷的，更多的是地球或其他類似地球這種有形世界，他們喜歡物質世間的幻象，又因為還沒有學到光與

愛，而陷入在貪婪的慾望中，以致必需一次一次地重返地球，直到他們領悟為止。目前地球上大約有百分之九十是這樣的靈魂。但並不是說這樣的靈魂，存在的價值就低於對靈性有較高領悟的靈魂。只能說每個靈魂所熟悉，所能掌握的層面有所不同。對造物主而言，都是平等的、都是尊貴的。因此，在較高層面中有一個喚醒這些靈魂的神聖計畫，而這神聖計畫又屬於一個更偉大的神聖計畫。

博納：

　　光之子在寶瓶座時代如何展開他們的使命？

蒂娜：

　　許多光之子已經覺醒，也已經展開清理與淨化所需的過程，並重新學習一些被遺忘的宇宙真理。他們因自身覺醒所展現的能量，將引發長久陷入在三度空間幻境中的靈魂也開始覺醒，並開始探索重獲自由的模式。無論他們所經歷的是什麼，無論他們有著什麼樣的歷史，當這些靈魂覺醒並轉化之後，他們也能成為光之子，這便是光之子的使命，也是寶瓶座紀元神聖計畫中的一部份。

博納：

　　所以……在覺醒過程中所出現的種種矛盾與抗爭，就是哈米吉多頓之戰中的善惡對決嗎？

蒂娜：

　　是的，即使是光之子，由於長期受到地球物質層面上種種較低思想的影響，往往失去對較高意識的記憶而不自知，因此哈米吉多頓之戰可以說是與自己身心內外的善念與惡念之間的對決。

博納：

我想我們早已向光覺醒，並已展開清理與淨化所需的過程，面對黑暗時，我們還是會有失敗的時候嗎？

蒂娜：

是的，目前我們剛進入寶瓶座紀元，並不是所有的光之子都已完全覺醒、因此黑暗的勢能仍極其強大，所以光之子們必須互相提醒、互相協助，並喚醒其他的光之子，以增強地球上光的勢能。

博納：

沒錯，我自己還是常常被浮現在我心頭的負面思想與意念所困擾。

蒂娜：

在目前這進展的階段中，你能承認這一點就很不錯了。只要記得羅曼羅蘭曾說過一句銘言：「真正的光明不是永遠沒有黑暗的時候，而是不被黑暗所淹沒。」

漫談九個次元之前

　　博納與蒂娜園地，在未來的一段時間中，有些篇幅將因應「光的課程」的最後一個級次──天使級次的即將出版，編輯部正策劃更深入探索與我們人類有直接關係的九個次元，以及這些次元與我們之間如何互動，為何息息相關。

　　這是因為儘管天使級次尚未出版，我們實驗性地讓一部份朋友，用我們尚未修訂的初稿，進入天使級次的習修。從他們的回饋中，我們發現天使級次的教材一如前面的級次，比較著重在引導我們進入內在天使次元的意識與能量的運作中。雖然上師們相信，光的能量中含融著宇宙的智慧與訊息，所有的人將在內在天使的引導中，我們仍看到許多人對天使級次有著許多的疑惑與迷思。因此，我們希望從不同角度來破解或闡述一些許多人共有的不解之謎。

　　我們無法一一解答宇宙奧秘，只能順著我們意識的開展而逐步探索。我們也不能說我們在這園地所談的資料是金科玉律，或是絕對真理。希望大家把這些資料當做是一種參考，從中獨立思考，汲取、採擷你們可以吸收，可以成為自己心靈成長之養料的部份。放下那些你們尚未能消化與吸收或不能認同或的部份。畢竟在喜悅中成長才是我們的目標。

編輯部 2007.Mar.01

我們所處的銀河星系──第一次元與第二次元

博納：

　　我有許多學習「光的課程」的朋友，都問過我「光的課程」系列五，也就是天使級次何時出版？

蒂娜：

　　初稿很早就已經出來了，只是尚未修訂到可以出版的程度。現在編輯部正在加速修訂工作，應很快就會完成。事實上，我認為大家應把前面的系列多修個一兩次再進入天使級次會比較好。

博納：

　　大家急於進入天使級次，可能是因為大多數的人認為較高次元比較低次元好，所以想儘快脫離較低次元，進入較高次元。他們又聽說天使們存在於第七與第八次元，因此就認為進入天使級次就可以進入第七次元或第八次元，真的是這樣的嗎？

蒂娜：

　　沒錯，天使級次的確是要帶領我們的意識進入較高次元沒錯，但認為較高次元比較低次元好，或以為修了天使級次就可以一勞永逸地脫離脫離第三次元的想法，是一種極大的錯誤。

博納：

　　這種想法是否會使我們無法從我們在三度空間所經歷的事物中，體會出自己在這世間上所要學習與進展的事物？

蒂娜：

　　沒錯！我們所置身的銀河星系，也就是我們所處的這一銀河星系的宇宙，是一個包含著十個次元的智慧體系，與我們相關的一切事物都在九個次元中相互交錯地表達著我們這個銀河星系中的一切，因此我們自身便具備了九個次元中的一切元素、一切智慧。

博納：

　　看來，「光的課程」的設計就是要幫助我們重新恢復對九個次元的認知與應用，但上師們不與我們談這些宇宙科學知識，也因此使很多人對行星級次及天使級次產生很多迷思與疑惑。

蒂娜：

　　我們說過，上師們要我們先清理、淨化我們的四個較低體系，才能具有領悟較高次元的能力，而這只有踏實地在光的能量中運作才能完成。我們在智慧沒有開之前，都會被許多事物所障礙，給我們講再多的理論，也無法使我們理解這些宇宙科學知識。

博納：

　　說的也是，光是系列一的初級教材，就令許多人感到它很龐大、很複雜、摸不著頭緒、捉不到重點，這之中不乏學歷很高的人呢！然而，能堅持下去的人都說，修到第二級次再回頭看第一級次時，就覺得非常清楚，即便是內容也很清楚。以此類推，只要繼續往下面的級次走，再回頭看前面的級次，便能有更清晰的領悟。

蒂娜：

這是因為在能量的運作中，內在的意識與智慧正逐步打開之故；而心靈的提升更多的是要靠內在的悟性，而不是靠知識。

博納：

但對知識份子來說，還是希望瞭解宇宙的運作，只是以目前在科學界所發展的程度，不能滿足我們內在對宇宙真知的渴望，因此我們會向玄學探索，我知道你也在探索宇宙的各個次元，何不讓我們也知道一些妳對宇宙各次元的認知呢？

蒂娜：

好啊！但我所談的只是一些我細胞記憶所能認同的事物，是我個人的認知。

博納：

說不定它也喚起我的細胞記憶，我相信喚醒我細胞裏對整個銀河星系的記憶，將使我的心識更能與光共同運作，從而進入進展的新階段。

蒂娜：

看來這幾年在光中的運作，已使你達到進展的另一階段，促使你探索自身內在的所有次元。在我們談較高次元之前，我們還是需要從第一次元開始，一個次元、一個次元地談上去，否則一開始就談那些高次元的事物，就像把梯子架在半空中，你還是攀不上去。

博納：

嗯，我們一直都是一心響往著進入更高次元，從來沒想過第一次元與第二次元與我們之間的關係。

蒂娜：

關係大著呢！所有次元之間的相互關係，比你所能想像的還密切，除非我們完整地融合所有次元，不然我們的心識無法有真正的整合，我們將永遠置身在二元性的事物中。

博納：

那麼趕快告訴我第一次元（first dimension）是什麼吧！

蒂娜：

第一次元是我們通往其他所有次元的基點。第一次元是地球的核心，它在地球誕生時便已具有智慧系統（intelligence system）。它有一個被稱之為中樞核心晶體（central core crystal）的設置，具備一道由這核心晶體與我們銀河星系中的其他九個次元溝通的光纖。它使萬物和諧有序，它的地心引力使我們得以落實地生存在第三度空間。

博納：

哇！那第二次元是什麼呢（second dimension）？

蒂娜：

在第一次元之上，地殼表面之下的，就是第二次元。地球上的一切元素的形成，都是起始於這一次元。

博納：

依上師們在「光的課程」中的教導，要我們把身心上的雜質以黑色之光由腳底射入地心，是射入這一次元中囉？這樣不是把這第二次元給污染了嗎？

蒂娜：

我們所釋放的一切負面事物，進入第二次元便成為冶煉成物質元素的原料。當地球進入寶瓶紀元時便是進入光的紀元，在這光的紀元中，一切負面的事物必需讓它回到第二次元中。在光的紀元中，地球吸收著極其巨大的光芒，因此，這些負面元素不僅必須，也是極其樂意回到暗處。第二次元具有將它們冶煉成為提供往後生存在第三次元的存在所需之物質的功能。

博納：

這麼說，我們在第三次元所用的這些豐富的資源都是在第二次元中冶煉之後，提供給我們的？

蒂娜：

是的，當這些元素被冶煉成為物質之後，便會逐步凝固穩定下來，最終成為物質元素，供第三次元的生命使用。但生存在第三次元的我們，也必須愛惜地球所提供的一切，否則便會造成巨大的不平衡。

博納：

這麼說來，我們經由光的運作把我們身心所排出的雜質射入地心，對我們、對地球都是一件好事了。

蒂娜：

　　不僅僅是一件好事而已，清理與淨化已成為人類在這光的紀元中的當務之急。我不想在此說一些聳人聽聞的言論，何況很多人已從許多其他資料中瞭解其中的重要性，以及忽略這重要性的後果，我也就不需在此重複了。

博納：

　　這麼說，各門各派的氣功主要也是在淨化身體，很多是以站樁、接天氣、接地氣，把濁氣由腳底的湧泉穴排到地心等為基本功，似乎極有道理。只是這些先祖們何以知道這些道理呢？

蒂娜：

　　如我們前面所說的，人類自身的細胞意識便擁有對整個宇宙間的相互關係的記憶，有些人自然知道自己與各次元之間的關係，而創立各種連接的方式。較高次元的上師們也是為了讓我們打開這種連接，而設計這課程，但是，請注意，與其他次元連接是要我們與地球一起成長，一起進入光的紀元，並不是要我們厭惡地球上的一切事物，把它當成一個要儘快脫離的恐怖星球。

博納：

　　原來我們所生活的地球是這麼豐富、美麗！我深愛著這美麗的星球的。我想我們的肉體生命所生活的地方便是第三次元，這是我們精練我們心靈意識的地方，只有與它和諧共處，我們的身體與靈魂才能獲得滋養。

蒂娜：

　　關鍵在於我們必須先在第三次元中圓滿一切，了結一切因果之後，才有可能進入下一進展階段。

博納：

　　這使我想起《智慧的河流》中有一篇描述一位流浪者要進入一座城市時，向守城人打聽那是一個怎樣的城市，守城人反問他來自怎樣的城市，當那位流浪者說他的家鄉是一個糟透了的爛地方時，守城人告訴他那個城市和他的家鄉沒兩樣。那位流浪者便調頭而去。過了些時候，當另一個要進城的人問同樣的問題時，守城人也是一樣地反問他來自怎樣的地方。他回答說，是一個好可愛的地方，他是因工作關係而必須搬過來的。守城人告訴他說他將發現這個城市也是一模一樣，於是那人便高高興興地進城去了。

蒂娜：

　　是的，這故事不僅讓我們理解積極思想的力量，它也闡述了如果我們不能在第三次元達到圓滿，我們無法進入任何其他次元。因為我們的意識與能量使我們無法進入。

博納：

　　或者說無論我們怎麼努力跳開，結果還是會在其他環境中陷入同樣的情境。

蒂娜：

　　然而，你是否注意到，無論是你自己或周圍的人，當心靈意識向更高的意識層面提升與轉化時，外在環境便會自然而然地有所改變。

博納：

　　哈哈！現在，我對於習修「光的課程」有更多的瞭解了！

我們所處的銀河星系──第三次元與第四次元

博納：

　　第三次元是我們所存在的空間，然而，這一空間似乎是包羅萬象，我們能給它一個界定嗎？

蒂娜：

　　它是一個存在於地球上，一個線性的時間與空間。因為在這一度空間中的一切事物，皆與我們這一銀河星系中所有其他次元不斷地互動著，因此這一次元的種種在我們談論其他次元時，自然會從不同角度來談論它。

博納：

　　那麼第四次元是一個怎樣的次元呢？

蒂娜：

　　第四次元是一個非物質體的次元，其意識的運作仍然是二元性的。與第三次元的互動最為緊密，第三次元中許多物質顯像的原型，是在這一次元中開始成形的。

博納：

　　這怎麼說？

蒂娜：

　　由地球所散發出的感覺、夢想、夢境；由各個星球、各較高次元所放射的思想、智慧都彙聚在這次元中，並在這第四次元中形成

各種思想、行為模式。第三次元的人類受這些意識與能量的驅動，而進行各種活動。

博納：

那我們不是成為第四次元的傀儡了嗎？

蒂娜：

如果我們沒有向內在較高自性覺醒，便無法理解我們與其他次元之間的運作機制，也無法隨時保持在光的覺知中，那麼我們確實是很可能受到一些無形的思想情緒所牽動而不自知。

博納：

這麼說來，我們好像被第四次元的天羅地網給罩住，真是太可怕了！除了一步一步地在「光的課程」中向較高自性覺醒之外，還有其他可以瞭解自己受到什麼樣的、來自其他次元或星球之能量的影響嗎？

蒂娜：

瞭解我們這銀河星系中各個行星的本質與它們對我們的影響，多少可以理解我們在第三次元中所經驗的一些情緒感受。

博納：

感受有那麼重要嗎？我從小所學的是要壓抑自己的情緒感受，這樣才是好孩子。

蒂娜：

你沒發現你現在正不惜毀滅自己的過去形象，並以各種方式來發洩嗎？情緒感受的力量是超乎我們所能想像的，這種無形之波的

振幅貫穿在整個宇宙的九個次元中，而每個次元也都與它的振幅產生互動。情緒感受可以製造許多令人抵擋不住的誘惑力量，它可以使你沉迷在邪惡的創造中，也可以豐富你的心靈，讓你在光的次元中飛舞翱翔。

博納：

其實，我已知道治癒自己的重要性，所以我會持續地走在光中。妳說：『瞭解我們這銀河星系中各個行星的本質與它們對我們的影響，多少可以理解我們在第三次元中所經驗的一些情緒感受』；難道說我還得去研究占星術嗎？

蒂娜：

研究星象並不表示要成為江湖術士，那是另一回事。星象學使你瞭解在物換星移的宇宙中，人是如何地在不自覺中受著無形力量的影響，使你瞭解自己在什麼樣的情緒感受中。透過自我的觀察及對星際影響的瞭解，你便能看到自己應如何轉化對事物的觀點，從而改變由自己情緒、感受所創造的生命。

博納：

事實上，在「光的課程」的學習中，我已逐漸地比較清楚自己的思想意識或情緒感受，只是常常一不小心，就糊裡糊塗地被舊有模式站上主導地位，在冥冥中被一股無法抗拒的業力牽動著，

蒂娜：

功力是要循序漸進增長的。質的改變來自量的累積。當你在光中的運作達到一定程度時，儲存在細胞裡的記憶與習氣便能達到更

新與轉化。如我們前面所說的，借助光的能量來使力，會輕鬆許多。我看到你許多原先較為粗糙的思想與行為模式已有所轉化，現在你所清理的是一些更微細的思想意識，也就是說你的意識與能量將在更精細的精練中獲得更多的提升與轉化。

博納：

照這樣看來，還是那句老話，修行要能默默耕耘才是。

我們所處的銀河星系──第五次元～第十次元

博納：

　　妳慢條斯理的一個次元一個次元地談，急死我了，是否先把每一次元的概要先告訴我一些，讓我對我們所存在的這一銀河星系或這一個宇宙，有一個粗淺的概念之後，我們再回頭細說每一次元的元素本質以及與我們之間的關係。

蒂娜：

　　也好，因為每一個次元都是相互交織而息息相關的，你先有一個基本的概念之後，也比較容易瞭解其中的奧妙。

博納：

　　那麼第五次元是一個什麼樣的次元呢？

蒂娜：

　　第五次元只有一種頻率，那就是愛的頻率。昴宿星團處在這一次元中，他們不斷地向整個宇宙釋放愛的頻率。

博納：

　　昴宿星團？在邊緣外那本書裏，莎莉邁克琳提到來自昴宿星團的訊息，很有意思。只是那本書似乎是絕版了。

蒂娜：

　　已絕版很久了，書中莎莉邁克琳所談的一些事物，對新時代的人而言已是一些基本常識了，所以我們也就不想再去出版它。

博納：

但是對沒有看過的人，還是蠻有趣的，何況我們現在又提到昂宿星團。

蒂娜：

我們可以考慮將它登到網站上。

博納：

那麼第六次元又是一個什麼樣的次元呢？

蒂娜：

第六次元是光的存在體，第三次元的物質體是這些光體所投射出來的。

博納：

你是說所有的物質體都來自於這一次元的思想理念？

蒂娜：

在這一次元中的思想意識先形成幾何形體，再投射到第三次元的物質世界中，成為物質形體。這一次元是在天狼星團的引導中。

博納：

對我來說，開始有點玄秘了。那麼第七次元是什麼樣的次元呢？

蒂娜：

第七次元是傳遞純淨思想、訊息的區域。對地球而言，這是一個傳遞光的宇宙訊息的高速網路，是整個銀河星系的溝通系統。

博納：

那麼誰在掌管這一次元的系統運作呢？

蒂娜：

仙女座星系（Andromeda Galaxy）。

博納：

越來越像是進入科幻小說了，當我們深入時一定很有趣。現在先告訴我第八次元是一個什麼樣的次元吧！

蒂娜：

第八次元被稱之為銀河星系聯邦政府（Galactic Federation）。

博納：

像英國聯邦，美國聯邦共和國那樣？那跟我們又有什麼樣的關係呢？

蒂娜：

它是將宇宙智慧提供給地球的一個結構組織。

博納：

由那個星系掌管呢？

蒂娜：

獵戶星座（Orion）是這一次元的管理者。

博納：

那第九次元又是什麼樣的次元呢？

蒂娜：

　　第九次元是一個統合由各種微細頻率（subtle frequencies）所交織而成之種種實相的區域。

博納：

　　微細頻率是什麼？

蒂娜：

　　是指非物質體的頻率，因為它的頻率沒有物質體那麼稠密，那麼沉重，所以說它是微細頻率。

博納：

　　那麼簡單地說，微細頻率可以說它是一種精神界、靈性世界的頻率了？

蒂娜：

　　可以這麼說。這一次元是儲存所有與地球相關資料的圖書館。是這一銀河星系的政務中心。

博納：

　　是我們這一銀河星系，這一宇宙的總統府嗎？

蒂娜：

　　你真會比喻，應該可以這麼說吧！

博納：

　　那麼誰是這總統府裏的執行長呢？

蒂娜：

　　是由以諾天使聖團（Enochians）。

博納：

　　這與那本以諾之書（The Keys Of Enoch）有關嗎？

蒂娜：

　　這本書透露了來自以諾聖團的訊息。

博納：

　　你好像也曾介紹過這本書。

蒂娜：

　　重要的經典我們都會盡可能地介紹給大家。

博納：

　　可惜我的智慧還沒開到閱讀那本書的程度。現在我最好奇的是九次元之外是什麼。

蒂娜：

　　是一個維持整個銀河星系的九個次元有序運作的垂直軸心。

博納：

　　現在我終於可以回頭與你漫談九個次元的冶煉了。

漫談宇宙次元（一）

博納：

理解了每個次元的概要之後，我終於覺得可以與你從各個角度談談我們所處的這一銀河星系中的各個次元了。還是讓我們從第一次元的地心引力說起，它的作用只限於使我們可以不隨風飄蕩而已嗎？

蒂娜：

不僅如此，它是銜接九個次元之間相互溝通的起始點，也是進入其他次元的起始點。由這一次元開始，地球的能量進入我們的身體，在我們身體內形成各種不同的元素，使我們得以在地球上表達我們整個存在的思想意識。

博納：

看來除了與這一次元連接也是必要的。如何與它連接呢？

蒂娜：

你可以在走路時感受自己正與第一次元中樞核心晶體中的智慧體系的能量連接。

博納：

第二次元像是一個充滿寶石的世界。我聽說不同的寶石有不同的作用？

蒂娜：

這些寶石處在第二次元中時確實有它們的生命意識與作用，它們的幾何晶體與第六次元光的幾何晶體相互輝映。對任何一個次元

來說，啟動的能量來自在它之下的次元。因此，對我們第三次元的生命來說，第二次元是啟動我們能量的源頭。

博納：

　　難怪大家要瘋狂地購買各種水晶、各種寶石。現在很多人家裡放滿了寶石，大有以寶石取代財神的趨勢。

蒂娜：

　　事實上，處在第二次元中的礦石負有與這整個銀河星系的所有次元共同運作的使命。但是當它們受到干擾、被挖掘、被劈開、被切割時，一樣是在破壞它們的生態。同時，離開了它們的根，它們就像被剪下來的花，被砍下來的樹一樣了。它們也是整個宇宙生態中的一環。被破壞、遷移之後，它們的能量會逐漸枯萎，除非你能與他們共振，他們也同意與你的真實意願共同運作。

博納：

　　也就是說，不一定要把這些礦石占為私有，只要能運用我們的心靈意識與二次元中的一切元素融合，與他們和諧的共振，將更有益於我們自己及整個宇宙，是這樣嗎？

蒂娜：

　　是的。對一個已進展成為多次元的宇宙公民的人來說，確實是如此。我們要從宇宙整體的角度來思考，因為雖然每一個次元有它自己的獨立性與特質，但都是整個宇宙的一部份。每個次元之間的互動關係非常密切，尤其是與相鄰次元之間的關係更是直接。

博納：

相鄰的次元之間有著怎樣的關係？

蒂娜：

我們剛才說過，啟動任何一個次元的能量來自在它之下的次元，而提升任何一個次元之頻率的是在它之上的那一個次元。我們與第二次元的共振使我們得以啟動身體在第三度空間的運作。我們與第四次元的共振，使我們打開進入其他次元的入口。

博納：

這是不是就像我們必須要學會敦親睦鄰，才能有擴展的人際關係？

蒂娜：

是的。我們必須要能與大地之母所蘊含的一切事物和諧共處，要能覺知、掌握自己的感受，才能理解其他那些更細微頻率的次元，也就是更高次元。

博納：

「光的課程」系列一就是在培養我們這些能力。讓我們既能覺知自己的身體是靈魂在三度空間的載體，進一步理解儘管身、心、靈是一個整體，我們的心靈可以不受較低、較稠密的物質體及思想意識所束縛。

蒂娜：

一旦你能在有一具身體的物質層面上達到心靈的自由，你便能創造你所要的實相。創造，是我們在第三次元所要學習的事項之

一。要達到這點,你必須要尊重第一與第二次元的力量,也就是尊重大地之母的巨大力量,與這二個次元和諧共生。

博納:

嗯,我已看到對大地予取予求、在她的土地上殘害生命,破壞生態,為人類所帶來的各種災難。問題是在三度空間的人類要如何自處?

蒂娜:

我們在這一次元需要學習、體驗與領悟許多事物。簡單地說,我們需要開啟較高的智慧。我們剛才談到,提升任何一個次元之頻率的是在它之上的那一個次元。

博納:

也就是我們與第四次元的共振,會使我們打開進入其他次元的入口。

蒂娜:

透過第四次元你可以感受到來自其他次元的智慧。當你以純淨的心活在當下時,你將受到啟發而創造,這時第四次元的天蓬便會打開,所有較高次元的頻率將與你的存在和諧共振。

博納:

第四次元是一個天蓬?一個罩子?把我們蓋在它的下面?

蒂娜:

第四次元是一個最難以形容、難以說清的次元。它是一個人類意識通往其他次元的關口(portal),它是一個天(五次元以上)、

地（三次元以下）交接的次元。所有人類製造的負面勢能、負在思想意識都被罩在這次元中，由於我們受這次元的影響最大，如果我們不超越這一次元，不與較高次元連接，我們便一直在群體負面意識的影響中反復輾轉。

博納：

因此，五度空間的存在們為了幫助我們打開這一天蓬蓋而設計了「光的課程」嗎？

蒂娜：

是的，為了讓我們的心靈意識以一個存在於地球的宇宙公民的身份，在所有次元中來去自如。

博納：

我想不會有人以為修了天使級次，自己的身體就可以成為天使體，在天上飛來飛去吧？

蒂娜：

雖然我們不會像傳說中的八仙那樣，直接以身體飄洋過海那樣，但你不覺得你的意識擴展之後，你的工作不僅頓時柳暗花明、豁然開朗，你的生活也從井底蛙的範疇，擴展到世界性的格局了嗎？

博納：

確實是如此，過些時候我將在地球的另一角落與大家一起繼續探討各個次元的冶煉。

漫談宇宙次元（二）

博納：

　　既然所有的次元都與我們的內在相互輝映，那麼第五次元是如何與我們對應與互動呢？

蒂娜：

　　這一次元對應的是我們的『心』（heart）。如果我們隨時在光中，覺知自己各個體系對一切事物的反應，第五次元中愛的能量自然源源不斷地注入在我們的體系中，使我們有充沛的精力，把愛提供給我們的世界。

博納：

　　那麼這世界便成為愛的世界？好像過於烏托邦了吧！

蒂娜：

　　宇宙所設置的藍圖是這樣的樣本。而我相信在宇宙中確實有這樣的世界，三千年前佛陀便在各種經典中闡述這些世界，只是人類沒有遵照這樣本，沒有依自身靈魂完美的藍圖去創造，而依小我所塗改的劇本去製造荒誕不經的泡沫劇，所以我們才會反過來把一些烏七八糟的現象當成真實世界，把宇宙中其他那些完美的世界當成子虛烏有的世界。

博納：

看來是我們這些不相信有理想世界的人，使我們的地球無法進展，真是慚愧！這麼說來，在「光的課程」中，上師們一再引導我們觀想一切事物都在光的完美中，是有道理的。

蒂娜：

是的，保持在光中的視野是很重要的。如果你的心是真摯地熱愛地球，熱愛宇宙生命，你的心靈確實完全地沉浸在那莊嚴、神聖、完美的空間裡，你就是在一種明心見性的狀態中。因為莊嚴、神聖、完美的五度空間是我們這一宇宙所有次元的中心點，是通往所有次元的中途島。

博納：

你是說只要我們的身心保持在安祥與覺知中，落實地安住在當下的時刻中，與地球的中心點連接，五度空間的能量便會透過四度空間注入我們。而這股能量又將我們提升到與其他的次元融合的狀態中。

蒂娜：

我們越是能在落實地球層面的同時，以敞開的心靈向較高次元的智慧與能量打開，較高次元的精細頻率便越能與我們融合。

博納：

上次談到在第六次元中，一些思想意識會先形成幾何形體，再投射到第三次元的物質世界中，成為物質顯像……這些概念讓我覺得很玄，因為我無法理解它的運作方式。

蒂娜：

我們心識裡的一切思想意念，先在第六次元中形成幾何體的基層。當你對某種理想具有崇高的憧憬與渴望時，它的頻率便開始振動，產生創造的能量，使這些事物同時在三度空間具體顯現。

博納：

為何是幾何體？

蒂娜：

幾何體是一切事物的母體（matrix），它的原理在古埃及的文明中，有一些記載。大約在西元前六千年，天狼星團的存在們曾降臨地球，在現在的埃及那一地帶，建立了莊嚴、宏偉的廟宇與城市，啟動了尼羅河漩渦的力量。他們也在愛琴海一帶建立啟動能量的建築結構。

博納：

他們所建立的廟宇是什麼教派呢？

蒂娜：

他們並未成立宗教，宗教是建立在人類思想意識與行為上的事物。相對於昴宿星團的工作是開啟人類的心輪，天狼星團的工作是開發人類的腦意識，促進人腦有更高的進展。

天狼星團的存在們降臨地球後，在廟宇中所教導的是一些有關宇宙原理、宇宙法則的知識。幾何原理是當時進入廟宇的學生們，要入門成為祭司之前必須學習的一門課程，可見它是很重要的一環。

博納：

在「光的課程」中，上師們也教我們用光的金字塔的幾何架構來運作，我一直不知道為什麼要這樣做，我們能找到有關資料嗎？

蒂娜：

我看過一些相關資料，僅能粗略地明白一些大概。現在我們也一時無法談到那麼深。如果你有興趣，也覺得自己可以消化與吸收這些神秘事物，等我們以後有機會時再針對這一點來探討。

博納：

是的，我還需要做些準備，可能要等我的心靈意識更擴展，智慧更進一步打開時，我才有可能理解這些教導。現在對我來說最好的方式是放下對這些較高次元幾何原理的好奇，進入上師們在「光的課程」的行星系列中所教給我們的光的幾何架構中運作，等我具備了理解這些更高宇宙原理的智慧之後再說。現在還是讓我們回到剛才所談的吧。

蒂娜：

剛才談到那裏呢？

博納：

剛才那句：『當你對某種理想具有崇高的憧憬與渴望時，它的頻率便開始振動，產生創造的能量，使這些事物同時在三度空間具體顯現。』好像崇高的憧憬與渴望才是創造的先決條件？

蒂娜：

　　較低的思想意識也能製造許多較低層面的因果。較低思想意識的頻率，只能存在於四度空間以下，在三度空間裡顯像。因此，那些不屬於較高次元的思想意識，只是人類在夢境中的幻象。所以，較高次元無法與較低次元中自我的欲望共同創造。

博納：

　　那麼，什麼是較高次元所能共同創造的呢？

蒂娜：

　　「創造」指的是有益於人類，建設性的，使人類從束縛中解脫，可以提升人類心靈與社會進展的活動。要在權利鬥爭中滿足較低自我需求的行為，則屬人類較低自我的製造。

博納：

　　要在這高度競爭的社會形態達到真正的「創造」，實在太難了，因為社會鼓勵競爭。

蒂娜：

　　如果你相信自己獨領風騷才是贏，別人則不是友便是敵，你必然會陷入在激烈的競爭中。我看到的是社會上許多人提倡雙贏、共生、團隊精神，我相信最終是具有這些理念，真正在努力實踐的人能實現完美的創造。

博納：

　　看來我還沒有完全清除殘留在我腦海中的負面影像。

蒂娜：

　　我們常常在不自覺中，盲目地跟著群眾思想意識飄流，或是被舊有模式牽著走。

博納：

　　我仍得加油，繼續培養自己的覺知力了。上次談到：『第七次元是傳遞純淨思想與訊息的區域。對地球而言，這是一個傳遞光的宇宙訊息的高速網路，是整個銀河星系的溝通系統。』我有點似懂非懂。

蒂娜：

　　第七次元的功能，是幫助我們這銀河整個宇宙星系靈性的提升與進展。它是一個光的高速網路，具有傳送整個銀河星系資訊的功能。光的訊息經由脈動，由這高速網路傳遞到各個星球上。那些處在光子帶（Photon Bands）中的星球，便螺旋式地將這些訊息地發送給鄰近的，處在銀河黑夜期（Galactic Night）的星球。

博納：

　　妳是說所有的星球因為是在軌道中運行之故，也像地球一樣，有進入白晝的時候，也有進入黑夜的時候。

蒂娜：

　　是的，只是銀河軌道是巨大的，在銀河星系中運行，以地球的時間來算，非常非常地長。而且是夜長晝短，黑夜期多於白晝期，當它進入黑夜期時，可謂是漫漫長夜。然而，一旦進入白晝期，就是進入光帶，也就是我們所謂的光的紀元。在銀河軌道中運行著的

地球，在經歷了漫長的黑夜之後，終於進入黎明的曙光，萬物開始更新與成長，因此我們也稱之為新時代（New Age）。

　　地球在銀河星系這一次的循環中，進入光子帶的時間，正好是寶瓶座紀元，所以我們說進入寶瓶座紀元便是進入光的紀元。許多原本在黑夜期中可以隱藏，可以生存的事物，在進入光的紀元之後，便無法逃遁。

博納：

　　所以在我們之內的黑暗思想與意識也必須轉化，否則我們便無法安然地處在光的紀元中。「光的課程」就是在教導我們清理轉化這些黑暗事物，使我們得以利用地球進入光的紀元期間，加速進展。

蒂娜：

　　第七次元的存在們透過光的網絡，仍然可以瞭解處在銀河黑夜時期中其他星球的處境。但是處在黑夜時期中的星球，則無法像進入白晝時期的星球那樣，可以大量地汲取光的智慧。

博納：

　　就像是在睡眠中，我們的活動進入緩慢，幾乎是停滯的狀態一樣。那麼進入光子帶中的地球有什麼特質呢？

蒂娜：

　　這個時期的地球將接收大量的光的能量，產生巨大的清理與淨化情緒／感受體的作用，使地球的頻率不再那麼濃重、稠密，並向多次元的宇宙覺醒。

博納：

　　看來是地球脫離黑暗進入一個更新的時代呢！生在這樣的時代好像責任重大呢！

蒂娜：

　　不需要想太多，只要持續走在光中，並時刻保持覺知就行啦！

漫談宇宙次元（三）

博納：

你說第八次元是一個將宇宙智慧提供給地球的結構組織。祂要如何把宇宙智慧提供給地球呢？

蒂娜：

這次元是一個充滿光與生命勢能的網絡，透過傳遞純淨的思想與訊息，引導在祂之下的每一個次元維持生命的品質。

博納：

在祂之下的每一個次元？根據佛陀的說法，那可是像恒河的沙一般多的世界哪！

蒂娜：

獵戶星系是一個巨大的星團，隨時觀察在祂之下每一個次元、每一顆星星的運行，而在祂之下的任何一個存在，只要熱愛宇宙生命，熱愛宇宙真理，都可以成為這一次元的一部份。

博納：

沒那麼簡單吧？我熱愛生命，熱愛真理，怎麼就無法進入這網絡，取得宇宙智慧呢？

蒂娜：

熱愛宇宙生命指的是：「無論在任何情況下，都不干擾其他次元，其他的存在。」你能說你已達到不帶給任何人任何困擾的境界了嗎？

博納：

　　喔！那我還差得很遠呢。

蒂娜：

　　這種能力需要在不同的次元中，經歷許多生之後，有了豐富的生命閱歷，才得以培養出來的。一般來說，這種品質通常在經歷許多善、惡兩極生命的千錘百鍊中磨練出來的。它是一種心靈的愛，像耶穌基督以及祂的門徒那樣，置身在純然的愛中，即使是面對邪惡的人群，心中的那股愛仍然不變。

博納：

　　唉，我是人家罵我幾句我就恨死了，更不要說當別人冤枉我時，便恨不得那個人下地獄去……

蒂娜：

　　所以我們都還得在第三次元中繼續學習與磨練。目前地球人口大爆滿，因為我們銀河星系中許多其他星球的靈魂都到這裏來學習。因為這段時間地球是學習與體驗邪惡兩極，學習識別的訓練營。

博納：

　　你是說我們地球上有許多外星來的留學生？像「我的繼母是外星人」那部電影中的女主角一樣？難怪有許多女孩子長得真的是像天人般地美麗。儘管她們看都不看我一眼，但我還是希望她們不要去經歷任何邪惡的事物。

蒂娜：

真是憐香惜玉的賈寶玉，放心好了，在地球上這種訓練營即將結束。

博納：

這種訓練營還是關門大吉的好，什麼時候會結束呢？

蒂娜：

當所有地球人類看到不愛惜地球，不珍惜地球資源，不尊重宇宙生命所帶來的後果並願意轉變時，這訓練營自然會結束。

博納：

天啊！這要到什麼時候，尚有許多人根本還沒有這種愛惜地球資源，尊重生命的理念。

蒂娜：

一沙一世界，共業中有別業，如果你選擇與貪婪、憎恨的人同流合污，你的體驗將會是世界末日或聖經啟示錄所描述的世界。然而，如果你自身先做到這點，你就會生活在一個提升的，較高靈性的世界。

博納：

但我希望我的家人、朋友、周圍的人都能生活在一個提升的，美好的世界中。

蒂娜：

那就送光給他們，讓較高次元的訊息引導他們。還有，不是所有的人在這地球上都得親身經歷邪惡，有時是邪惡的事情發生在他

們的周圍，也足以導致心靈的傷痛，迫使他們從中去學習理解與寬恕，並向光的更高次元覺醒。

博納：

是的，我相信這一點，因為我知道這是你的現身說法。關鍵在於這種時候，要有人可以從旁支援與理解他們，才能幫助他們走出驚嚇、彷徨與迷惘。就像當時你有 TONI 與「光的課程」幫助你走出那段黑暗的歷程一樣。

蒂娜：

是啊！所以你要做好準備，成為執行任務的天使。也許那一天正好需要你表演一場英雄救美的連續劇。

博納：

嗯，這倒是說服我好好修天使級次的理由呢!

蒂娜：

如果單純為了這個理由，也還是出自你的較低自我喔！不過我知道你是在回我的玩笑。你實在很幸運，不必經歷那些壓倒性的傷痛，便已向自性裏的光及較高次元覺醒。這將使你們省去許多彎路及不必要的學習課程。

博納：

說到向較高次元覺醒，你說第九次元，是一個統合由各種微細頻率（subtle frequencies）所交織而成之種種實相的區域。是這一銀河星系的政務中心，那為什麼不管管我們這個紛爭多端的星球呢？

蒂娜：

地球是一個被賦予自由意志的實驗室，而地球做了在兩極中學習，以及要經歷、體驗所有次元的選擇。每個靈魂都可以選擇停留在四度空間以下的劇場中，或選擇回歸較高次元。因此，他們不會干預我們的選擇。

博納：

這樣的話，第九次元好像就與我們沒有太大的關係了。

蒂娜：

不要忘了，每個次元都與我們息息相關。第九次元以永恆三摩地（samadhi）的定境，與來到這次元的存在們分享在這種境界中的感受。它所散發的能量之波，是一種核能般的巨大力量，支撐著第八次元光的網絡的運作。

博納：

我想起來了，根據來自昴宿星團的資料顯示，耶穌來自這一次元。祂的誕生使較高次元的能量，以及基督意識得以穿越第四次元的天蓬進入地球。這表示他們還是非常關愛地球的生命與進展，只是他們以教導來帶領我們，而不是以管束來干擾們，這是真正的愛與尊重。

蒂娜：

是的，因為地球選擇經歷所有的次元，因此人類自身便具備了九個次元的智慧。然而，當地球處於宇宙黑夜期的時候，完全失去

這種覺知，因此他選擇在雙魚座時代降生地球，喚醒人們內在的基督自性，為人類進入寶瓶座紀元也就是光的紀元做準備。

博納：

可以談談為什麼進入光的紀元要做一些特別的準備嗎？

蒂娜：

因為在宇宙軌道中運行的地球，在這一循環中，走到寶瓶座紀元時便進入光子帶（Photon Band）；而地球是如何在「宇宙黑夜期」與「光子帶」之間運行？這「光子帶」所帶給地球的影響是什麼？以及為什麼地球及地球人類要在這曙光中做好準備？……等種種的問題，則又是另一個宇宙科學的探討領域，我不知道我們是否都做好進入這種探索的準備。

博納：

我得承認在這一連串的宇宙次元的探討中，有許多地方我確實是似懂非懂，但對我來說，還是比坐在那兒看一些把我們當呆瓜的新聞媒體的報導、無聊的電視節目或電影好一些。何況在我們反覆的探討中，有時候我們回頭從不同的角度去談時，我常常會有恍然大悟的喜悅。

蒂娜：

是的，有些新聞媒體的報導、電視節目或電影，常常讓我感到人類的心智與人格被耍弄、被貶低的沮喪，但這是社會大多數人所要的，他們才得以如此猖狂。好在我們還是可以看到一些宣揚社會光明面的節目，否則連我都不會相信我們真的處在新紀元的曙光中。

博納：

我知道有一位在美國辦兒童教育的老師，要求她的學生家長不要讓孩子們學期中看電視，不知她是出於什麼樣的觀點。

蒂娜：

有一段來自昴宿星的訊息說，許多電視節目不僅降低人的智慧，也損害人的免疫系統。你越是允許某些團體為了他們自身的利益，利用電視或新聞媒體操弄你的思想，或因他們聳人聽聞，煽動性的言論而感到憤怒或恐懼，你就越是會感到受到傷害、無力與無助。

博納：

我覺得最大的致命傷是，一旦被吸引，不但自己的思想、感覺被牽著走，許多該做的事也不想去做了。

蒂娜：

那麼就讓我們關掉電視，繼續向多次元的宇宙探索吧。

漫談宇宙次元（四）

博納：

　　有人向我提出一個問題，說既然我們的自性是完整的，為什麼還要清理與淨化，他的意思是我們不需要經由「光的課程」來提升與轉化，因為我們本來就是完美的。

蒂娜：

　　我們靈魂的初始狀態是清淨完美的，這一點是沒錯。但是，當一部份的我們決定體驗地球的生命時，在學習與體驗的過程中，我們扭曲了那原有的實相。我們變得只知道有三度空間的存在，對時間與空間的認知是直線性的，而非全面的整體性。我們生活在恐懼中，失去了原有的和諧。在恐懼中，我們的思想使我們不停地製造不平衡的因果，致使我們身體的細胞也因不平衡而衰敗，因此我們的身心都需要治癒，治癒指的是調整、恢復我們原有的平衡與完美。

博納：

　　既然破壞了，又如何恢復呢？恢復的方法又是怎樣的呢？

蒂娜：

　　人類細胞裏的基因具有恒星作用（stellar contributions），因此我們必須喚醒我們恒星細胞的基體（stellar-cellular matrix）。這種喚醒必須與星際宇宙的能量也就是光的能量共同運作，才能產生作用。同時我們也必須與宇宙其他次元互動，才能獲得真正的治癒。

博納：

在「光的課程」中，上師們設計行星課程的目的，是不是也是為了喚醒我們恒星細胞的基體，帶領我們進入多次元的宇宙呢？

蒂娜：

行星課程教導我們如何與較高次元互動，如何運用較高次元的能量來調整我們的細胞記憶，開啟內在心靈的較高智慧，從中體悟自己生命的藍圖，並獲得實現這完美藍圖的指引。使我們從心靈的領悟中獲得實踐的力量，可以說正是為了這樣的目的。

博納：

心靈的領悟固然是最重要的，它在我們生命中所產生的作用，超越了頭腦裏的知識。然而，我看到許多人儘管進入了行星課程，往往無法在第一次的學習中便能領悟到宇宙意識，仍然局限在三度空間直線性的思想意識，使我們無論怎麼做都會有所偏頗。

蒂娜：

學習任何東西，都要用心地反覆體會才能熟練應用。有人因一時未能領悟而不再向前邁進，但也有很多人隨著內在心靈的呼喚反覆習修，以信心與期望繼續走下去。最終在身心上獲得調整，在生活上達到自由與喜悅。

博納：

我覺得修「光的課程」卻未能進入行星課程，確實有入寶山空手而回的感覺。因為如果不進入宇宙意識，我們的思想與心胸便無法擴展，使自己的生命也陷入在停滯的狀態中。

蒂娜：

　　進入千禧年之後，地球進入光子帶（Photon Band），勢必展開明顯的兩極分化。這也就是為什麼我們從另一角度來探索宇宙次元，並傳遞一些較高次元的訊息，期望大家能從一些基本概念中做出自己要朝那個方向前進的選擇。

博納：

　　我們要在什麼樣的兩極中做選擇呢？

蒂娜：

　　一是選擇清理、去除與我們內在純淨本質無關的事物，隨著宇宙進展的律動而進展；一是繼續停留在迷亂恍惚、紙醉金迷、色欲橫流的巫毒世界中打轉。

博納：

　　我只知道地球進入寶瓶座紀元即是進入千禧年，但我不知道進入寶瓶座紀元就是代表進入光的紀元，也不知道進入光的紀元與地球人類的進展又有什麼樣的關聯？

蒂娜：

　　所有的星球都在銀河中運行著，並經歷不同的階段而成長，地球也不例外。每隔 26,000 年，我們的太陽系進入光子帶，地球在這一循環中正好是在寶瓶座紀元的時期中進入光子帶，因此又稱之為光的紀元。星座的轉移屬於星象學的範疇。

博納：

　　星象學與我們在宇宙中的進展有著什麼樣的關係呢？

蒂娜：

銀河星系除了垂直的九個次元提供我們探討一條探索的途徑之外，尚有平面的十二星座可以提供一些瞭解自身情況的資訊。我們稱這些資料為星象學。它解說地球如何在移轉中進入不同的情況與進展。星象學可以說是星星的邏輯學。

以地球為中心的星象學，可以說是一種為人類進展的時間與品質解碼的工具。譬如說，第四次元是我們的情緒體之所在，但影響我們情緒的是太陽系中其他行星的原型與散發的勢能。也就是說從星象學中，我們可以理解到大至地球，小至個人的進展在什麼階段。

博納：

這樣看來，學習星象學是一門很深的學問，它不應只停留在用來給自己或幫別人算個命的占星術而已。

蒂娜：

正確地學習與運用，逐步地與恒星在銀河軌道的運行中融合，可以使我們從中學習如何客觀地掌握自己的情緒，去偵測自己的行為，去瞭解自己的夢境、潛力以及靈性脈衝。它使我們看到自己在生命劇場中所演出的過去、現在、未來的戲劇是如何地矯情與虛假。它是昴宿星團及瑪雅星用來協助我們返璞歸真的科學。一旦我們熟練掌握自我觀察或自我省思，我們便能瞭解通往其他世界的通道就在這些感覺中。

博納：

在這光的途徑上走了這麼一段時間下來，我也開始能自我觀察、自我省思了。我需要再去學習星象學嗎？

蒂娜：

這是個人的選擇。靈修不是一定要先成為一個星象學家。這是一門學問，如果你沒有時間再去研究，只要時時保持覺知地在自我審視中，並時常運用光的能量清理與淨化自己，可能的話，在一年中的春分、秋分、新月及滿月時加強靜心冥想即可。事實上，與恒星的運轉週期同步調整是非常令人興奮並極具創意的，它對於啟動我們的宇宙意識很有幫助的。

博納：

看來地球在星際的運行中，要進入光子帶或光的紀元，可不是常有的事，才會被當作是一件大事來談。

蒂娜：

在銀河中運行的地球，大部份的時間是處在銀河黑夜期（Galactic Night）。大約每隔二萬六千年，進入寶瓶座紀元時，地球便開始進入光子帶。事實上，地球只有在獅子座與寶瓶座時代才進入光子帶，其餘的時間都在銀河黑夜期。許多在銀河黑夜期可以隱藏的事物，進入光子帶之後，便無藏身之地，如果我們不能與光的頻率，光的思想意識，光的較高智慧也就是宇宙智慧和諧共振，無論是生活上、身體上或精神上，都很容易產生許多問題。

博納：

宇宙智慧指的是什麼呢？

蒂娜：

是一種至高無上的智慧。一種使宇宙億萬星球日以繼夜，永不止息地運轉，使萬物在其中有序進展的智慧。

博納：

我知道這智慧存在於我們的本質中，只是它到底在那裏？

蒂娜：

它就在我們的細胞記憶中，記憶就像情緒一樣，你看不見它，但它是存在的。我們可以選擇我們的情緒，讓它在我們的身心上產生前因後果，我們也可以選擇讓不同的記憶去創造我們的生命。當地球走在銀河黑夜期時，大部份的人的細胞記憶處在睡眠中。這是人類處在累積經驗，從因果中學習的時期。一旦進入光的紀元，懂得運用光的勢能進行清理與淨化的人，便比起黑暗時期的人類更容易從第三次元的夢境中覺醒，從而結束在第三次元的因果學習課程。

博納：

那麼在兩極分化中選擇停留在巫毒世界中打轉的人，當地球進入五度空間時，他們將會如何呢？

蒂娜：

每個存在將自然而然地置身在與自己靈魂意識相同的空間。好鬥、貪婪的人，將前往其他尚在三度空間中進展的星球，並置身在與自己意識相同的群體中。

博納：

　　看來這是在意識頻率的運作中，物以類聚的宇宙法則囉！反過來說，如果我們選擇與多次元的存在們，像天使聖團、昴宿星團、天狼星團、基督、以諾聖團的靈性意識共同運作，讓這些意識貫穿在我們的所有體系中，我們便可以與他們的融合，進入他們所存在的意識層面。

蒂娜：

　　是的，所以學習在這兩極中做選擇也是一種智慧呢！

漫談宇宙次元（五）

博納：

上回我們談到「光子帶」，我很好奇地球是何時進入光子帶的？

蒂娜：

地球是在 1987 年春分時期（三月十六～二十三）進入光子帶，並穩定地每年逐步進入。許多其他的行星已進入光子帶，地球的整個軌道將在 2012 年冬至全面進入光子帶。2012 年開始，銀河星系的頻率將散佈在整個銀河中，地球上任何具有智慧的生命都可以與這銀河星系的頻率共振，九個次元中的每一個次元都開始與光子帶融合，那些無法與銀河星系的頻率共振的，將無法在光子帶中維持形體。

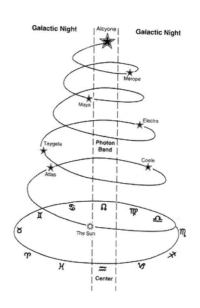

博納：

2012 年？那不是瑪雅曆法結束的一年嗎？我還以為瑪雅人指的是地球將在那時候被毀滅呢？

蒂娜：

當地球與瑪雅星一起進入光子帶時，將在昴宿星團與天狼星團之間形成一種聯盟，這種聯盟將創造種種新的可能性。瑪雅曆只計算到 2012 年，表示那一年是一個時代的結束，那以後是一個新循環的開始。

博納：

顧名思義，光子帶（Photon Band）指的是充滿了光量子（Photon）的地帶。光量子是一種微波放射。從微波爐的原理來說，當我們全面進入光子帶時，我們不是要被光量子的微波所烹煮了嗎？

蒂娜：

昴宿星團告訴我們一個令人訝異的事，他們說太陽具有調整光量子的功能？他們說地球上一些臭氧層被破壞，雖然有一定程度的影響，但更大的原因是因為受到光量子的改變所致，這樣可以讓太陽能量從南北極喚醒 2D——也就是第二次元的磁場。

博納：

昴宿星團也在光子帶中嗎？

蒂娜：

他們說 104,000 年之前，在銀河的運行中，他們經歷過我們現在所處的加速進展的狀態。所以他們現在以老大姐的身份來教導我們許多事，引導我們為進入第五次元做準備。

博納：

那他們用太空船把我們帶走不就好了嗎？

蒂娜：

　　他們不能以揠苗助長的方式把我們從地球上抽離，因為除非我們自己做好準備，否則我們無法在其他次元的頻率中生存。事實上，昂宿星團曾犯下一個錯誤，就是在 13,000 前，干預人類的自由意志。那是在上一個週期時，因磁極改變之故，導致了冰河期，昂宿星團的存在們感受到人類痛苦與死亡的的掙扎，由同情產生憐憫。但事實是當改變劇烈進行時，正是人類轉化恐懼的時候。那時昂宿星團不理解這是一種平衡的過程，因為這種事不曾在昂宿星團中發生過，由於無知，他們除了帶領一些人到安全地帶之外，還把一些人提出地球，這不僅中止了人類的轉換過程，還使人類在混淆中開始認為自己是受難者。除此之外，他們的干預也使人類以為在自己的世界之上，有一個會介入人類生命的神，並以為世界會被毀滅。因此，他們不會再犯下同樣的錯誤。

博納：

　　難怪每當我面臨挑戰時，所想的不但不是自己應如何改變與轉化，而是覺得自己是受害者，從而真的製造出受害者的實相。話說回來，如果最終我們還是得靠自己去領悟、去轉化，那他們還能怎麼協助我們呢？

蒂娜：

　　他們為地球行星的中樞解碼，雖然編碼的全息圖（Coded Holograms）在我們自己的細胞記憶中，但我們無法看到這銀河的全息圖，因為較高次元的光速高過我們肉眼所能見的，超過我們心

智所能領悟的。其中最大的原因是其中有一個網（net）罩在第三次元與較高次元之間，使得較高次元的智慧無法穿透這網進入我們的心智。

博納：

　　難怪在「光的課程」中，上師們一再告訴我們，光的運作是超越我們的頭腦所能理解的，在這階段，只要引導光運作便是。這句話有時我可以接受，有時卻相當反感。

蒂娜：

　　這與我們剛才所談的網罩有關。被這網罩住時，使我們對較高智慧的一切帶有極大的抗拒。但也因我們在這網罩中變得混淆麻痺，那種窒息的感覺使許多人決定從網洞中穿越出來，或撕破這層網罩以便獲得更多的光，也就是較高智慧。因此對光或較高智慧，我們有時會臣服，有時則會抗拒。

博納：

　　「光的課程」好像在教我們如何穿越這層網罩，但它像是一種天羅地網般的東西，不是一下子就能掙脫的。

蒂娜：

　　天狼星團與昴宿星團正協助拆除籠罩在地球上的網罩，昴宿星團與天狼星團是一種兄妹般的關係。天狼星團是地球的第六次元的幾何光體。古埃及人就是由天狼星團下來的，他們在廟宇中教導人類科技，使人類理解幾何學的神聖原理。因地球進入光子帶，瑪雅曆與天狼星團的宇宙知識再度打開。

博納：

兄妹般的關係，昴宿星團是女性的星團？

蒂娜：

昴宿星團本身是中性的，但是由於地球目前陽剛的能量過強，他們的主要任務是喚醒人類封存的陰性能量。陽性或陰性並不特指男人或女人，而是所有具有生物性智慧的生命，包括人類在內，都具有的本質。

博納：

我們以前在中性的那篇已討論過，只是沒想到這是宇宙所有生命的本質。現在我倒是對第六次元的天狼星團感到蠻好奇的。

蒂娜：

天狼星團首次在地球上建立金字塔是在西元前 10,800 年，之後在西元前 2,450 年又重新建立，並安裝了一個遙望獵戶星（Orion）的裝置。這儲藏人類存在於天狼星的細胞記憶裝置，就安裝在地球磁場中。直到 1987 年一群靈修者透過世界性的冥想網絡，才將這些記憶喚醒，使地球與銀河星系重新連接。

博納：

我曾看過一些資料說天狼星團將在寶瓶座紀元，也就是地球再次進入光子帶時拯救人類，你的感覺是什麼？

蒂娜：

他們當然是渴望協助地球的，但我想他們不會犯下昴宿星團那樣的錯誤。昴宿星團的人已學會沒有人可以任意把人類從第三次元

中直接接出來，反而是第三次元的磁場會把那些介入者吸到地球
上，以便讓他們平衡干預所帶來的因果。

博納：

干預別人的自由意志與學習，會帶來因果？這法則也用在人類
的生命進展中嗎？

蒂娜：

沒有錯！任何宇宙法則放在人類的學習與進展上都依然適用。

博納：

那麼他們會如何幫助我們呢？

蒂娜：

昂宿星團協助我們打開脈輪，並清理我們的情緒體。天狼星團
則協助我們開發理性思想體，以便理解蘊含我們實相的神聖幾何
光體。

博納：

這麼說，看來「光的課程」是昂宿星團與天狼星團兄妹合編的
傑作了？交織著情緒體的清理與幾何光體的運用，的確需要好好習
修才行。

漫談宇宙次元（六）

博納：

我的理解好像是當地球進入銀河黑夜期時，地球人類便在二元性的夢幻中。當地球進入光子帶時，人類便開始覺醒，在銀河黑夜的二元性中所經歷的，所學習的一切便開始萌芽，進而開花結果。這種晝夜循環的目的在那裏？它有什麼意義呢？

蒂娜：

因為地球被選擇成為發展生物的實驗室。由我們自己以及各次元的智慧，在地球上進行實驗是必要的，因為這樣大家才能理解銀河星系的宇宙法則及生物法則。

博納：

為什麼在整個銀河星系中，地球會被選擇成為實驗室呢？

蒂娜：

為了使生物性的智慧存在體現完美，造物主決定選出一個星球做為實驗室。掌管地球的智慧女神—蓋亞，具有我們無法想像的智慧與力量。因此當地球的物質生命被創造時，便在人類這特定的物質體中注入同時擁有九個次元智慧的潛能。

博納：

是的，許多人已覺知到蓋亞的存在。從她能在銀河星系中被選出來，成為這生物實驗室的首席科學家，可以想像她的威力。

蒂娜：

　　造物主決定，在實驗室中可以創造任何事物，但是由蓋亞來決定是否接納這些創造。任何她所拒絕接受的創造，她便將它從表層清理掉。

博納：

　　我想這就是為什麼她摧毀亞特蘭提斯的實驗室了。現在人類又回到近似亞特蘭提斯時期的狀態，她要再次摧毀我們嗎？

蒂娜：

　　現在有一部份的人確實還在重複亞特蘭提時代的黑魔術，但與那時代不同的是，許多靈魂認清了在那時代所犯下的錯誤，在這時代返回地球，盡其所能地提升與平衡地球的磁場，其他次元的存在們也盡力在協助我們。

博納：

　　所以地球將是安全的了？

蒂娜：

　　當地球再次進入光子帶時，地球將成為多次元的星球，這時她的生物圈將決定把什麼樣的生命形態，散佈到我們這一銀河星系的那一個地方。

博納：

　　天啊，那我會被散佈到那裏去呢？

蒂娜：

　　散佈的原則是基於留在這生物圈中的生命是否受到啟迪，是否達到光明的心性。那些無法快速邁向光的存在，就會離開身體，無法存留在這生物圈中。因為你無法在半睡不醒的狀態中活在光子帶中。

博納：

　　好在我修了「光的課程」，我會習慣性地邁向光。

蒂娜：

　　不要得意得太早，當你的心識中還有黑暗意識存在時，你仍有不自覺地背光而逃的可能。只要想想自己是否還有抗拒進入新的級次、新的循環，便知道屆時自己是否會逃脫。

博納：

　　難怪地球得這麼無止境地循環著，在地球進入光子帶時畢不了業的人，就得重新進入銀河黑夜期，重頭來了？

蒂娜：

　　地球為了對自身進行探索，在銀河星系的軌道中一再循環，這銀河星系軌道是進入九個次元的通道。銀河星系的宇宙心識在億萬個系統中保存著九個次元的思想智慧。

博納：

　　難道說我們要通達九個次元的思想智慧才能存留在光子帶中？

蒂娜：

至少我們需要有意識地認知我們自身存在中的九個次元的細節，以擴展我們的心智，並落實我們的智慧，因為只有這樣我們的心識才得以自由。

博納：

那就趕緊告訴我九個次元的細節吧！

蒂娜：

整個銀河星系與我們的關係是無法三言兩語來涵蓋的。我們只能以漫談的方式來探討。從地球的角度來說，地球的核心是第一次元，這是和諧、福佑、落實的次元，在它之上，地表之下的是第二次元，這是地球的力量與元素的來源。存在於地殼之上的，是線性的時間與空間的第三次元。第四次元是非物質體，原型帶，從中感覺、夢想、連接蓋亞的一切事物，以及較高次元的一切都可從中汲取。這第四次元是各星球顯像的原型模式，在地球上激發這些行為模式。昴宿星團是第五次元我們會逐步探索它。天狼星團是地球的第六次元，它以第三次元的形體，第四次元的感受原形，以及他們在第三次元的創造模式來創造幾何光體。這就是地球物質模式背後的形成素。

博納：

稍停一下，我們確實得慢慢地談，光是上面這一段我就得細細咀嚼，才能真正理解。從上面的話中，我目前只大略地領略到第四次元對第三次元的實相有極大的影響。

蒂娜：

所以在「光的課程」的初級課程中，上師們排了一個乙太星光體的級次，這是基礎習修中很重要的一個級次，因為它正是帶領我們清理與淨化籠罩著我們的那層第四次元的網罩。這樣較高次元的光與智慧才能傳遞到我們存在於地球上的體系中。

博納：

我雖然修過乙太星光體的級次，但對乙太星光體的本質，仍一無所知。

蒂娜：

我們的各個體系中都有需要釋放的雜質，由這些雜質所形成的負面模式形成一種基因記憶，儲存在我們的乙太星光體中。許多負面的模式，譬如有些前世的疾病，因打預防針、吃消炎藥或放射性治療之故，無法發作以便從記憶中清除，便儲存在與我們的身體、情緒體、理性思想體相對應的乙太星光體之中。

博納：

那光如何又如何清除我們在乙太星光體上的雜質呢？

蒂娜：

光量子是一種極小的電磁量子，永遠充滿著電子，生命期是無限的。這些電子的活動可以釋放我們身心上沉重稠密的頻率，使們可以深入自己的潛意識，以釋放負面的因果，我們越是探索自己的因果，我們的生命就越能充滿光量子的能量來引發我們思想、情緒與身體的轉化。

博納：

　　如果不是有意識地在光的運作中做身心意識的轉化，會是怎樣的過程呢？

蒂娜：

　　扭曲的思想意識常常會帶來身體的疾病，至於會呈現什麼狀態則因人而異。簡單來說，如果不是經由有意識地轉化，通常就是透過自己的免疫系統來治癒，或以承受痛苦或經由死亡來釋放。

博納：

　　這麼說選擇有意識地清理與治癒還是很重要的。因為免疫系統也是要在身心意識正常、平衡的狀態中才能發揮它的功能。

蒂娜：

　　自從 1994 年地球進入光子帶之後，人類各個體系上的雜質便開始受到強烈的引發。人類的四個較低體系的稠密度可以說都集中到身體上。看著身邊的人走在疾病所帶來的痛苦與死亡的過程中，我時常感同身受，也會覺得痛苦。然而，要經由什麼樣的過程來轉化，完全是個人的選擇。即使是自己的親人，我們也是既無法替代，也無法干預他們的選擇。

漫談宇宙次元（七）

博納：

在談了這麼多次元之後，我很好奇地球上有誰是從其他次元來的？

蒂娜：

根據昴宿星團的訊息表示：梵谷是許多由昴宿星團前來投生地球的靈魂之一。他因畫盤旋的星團而被囚禁。

博納：

科學的發現總是比這些進展的靈魂慢了許多步。現在科學家已發現有些星團確實是呈現螺旋式地盤旋著。

蒂娜：

梵谷作為昴宿星團的靈魂，創作過程是極具自由與創造力的；然而，他能完全感到線性的空間與時間所帶來的羈絆，這使他非常恐懼。他確實是看到這些螺旋式盤旋著的星團，這是多次元視野的本能。研究梵谷所畫的星星，將幫助我們看到我們的太陽實際上是昴宿星團的一部份。這就是為什麼昴宿星團更容易接近我們，因為我們的太陽正好是盤旋在昴宿星團的周圍。

博納：

聽來整個銀河星系的軌道是相通的。

蒂娜：

是的，整個九次元正好安裝在第十次元中，也就是說整個銀河星系是一個有著十個次元的宇宙智慧系統，它在九個次元中表達它自身。它含融一切我們所能感受到的萬事萬物，它無以名之，無法用我們語言來解說，也不是我們現在的心智所能理解的。

博納：

但我們至少可以探索我們所處的第三次元在九個次元中的實相，並從中選擇超越。因為我發現自己如果不向多次元的意識擴展，我的生命好像處處受到局限……

蒂娜：

無論我們對九個次元的瞭解有多深，如果我們不能實現生命的圓滿，我們仍然被那第四次元的那張業網所控制。要實現生命的圓滿，我們必需要能與蓋亞的巨大勢能共振共鳴，以便延伸到銀河中心的黑洞之中。只有在銀河黑夜期間積累了足夠經驗的存在，方能孕育出掌握九個次元的冶煉能力。

博納：

我那漫談宇宙次元的愉快，現在卻被如何「實現生命的圓滿」這現實問題給澆了一盆冷水呢！

蒂娜：

事實上實現生命的圓滿並沒有要你去成就什麼樣的豐功偉業、成為什麼樣的人或什麼事的犧牲品。你只要學會做自己的主

人，開啟了內在的智慧，與宇宙法則共同創造、共同運作，你自然
會「實現生命的圓滿」。

博納：

唉！最難的就是做自己的主人呢，我最大的問題就是常常身不
由己，盡做一些愚蠢的事，把人際關係搞得一團糟，所以不要說生
命的圓滿，光是想到人際關係的圓滿，就會把我拉到谷底。

蒂娜：

要達到完全自主，你只要重新審視自己所做所為之背後的起心
動念，包括每次讓自己成為受難者的思想模式是什麼。一旦你不為
自己的創造負責，認定自己是別人所作所為的受難者時，你就被這
感覺牽著鼻子走，這使你必然會製造許多自己無法掌控的蠢事。

博納：

那我該怎麼辦？

蒂娜：

昂宿星團告訴我們，我們必須愛並榮耀我們的過去與現在，榮
耀我們在第三次元的所有活動，不去看自己所寫下來的歷史的前因
後果，便無法去除籠罩著我們的業網。他們還慎重地警告我們說：
「不要以為你們在電視或報紙的新聞上所看到的戰爭與屠殺與你
們無關，他們所演出的正是你們自己心中的邪惡與狡詐，如果你們
不從中看到自己的血液如何從其他人的犧牲中，獲得戲劇性的滿
足，這些景象就會不斷地呈現，最終它便在你們自己身上演出－欺
壓者與受害者－的每一個細節。」

博納：

太可怕了，我們真的得時時刻刻細細審視自己的微細意念。但反過來說，只要能自淨其意，便能圓滿生命，雖然不容易，但要比想像的單純多了。

蒂娜：

在我們結束這段探討之前，給你一段昂宿星團的訊息，好讓你從谷底再回到高原。他們說：「當地球進入光子帶時，除非你能與九個次元同調，否則無法維持在第三次元的形式中。幸而這一切的運行是如此緩慢，使你們所有的人都有足夠的時間去使你們的身體與意識頻率能與它同步。如果你們選擇啟動這能量的運用以淨化儲存在你們之內的負面元素，這能量將啟動你們身體的整個電磁場，你們需要了結的因果將產生碰撞。這些光量子是喚醒你們海底輪的拙火的信號。喚醒這拙火是重返伊甸園的關鍵。」

博納：

哇！好像越來越精采了，彷彿在一夜之間瞭解到蘊藏在「光的課程」中的許多天機呢！

漫談宇宙次元（八）

博納：

說了這麼多，我還是不太瞭解地球在銀河黑夜期與光子帶之間循環的目的是什麼？

蒂娜：

人類在銀河黑夜期累積經歷，經過千錘百煉之後，這些由經歷所錘煉成的真知，才能成為進入較高次元後所要創造的材料。當地球進入光子帶後，這些屬於較高次元的元素，便逐步趨於穩定。

博納：

那麼人類在這兩個相對時期中的使命是什麼？

蒂娜：

在銀河黑夜期就是去經歷、去體驗、去學習，去瞭解自己的真實本質。當進入光子帶時，最高的使命就是清理自己的各個體系，使自己的意識頻率能與光和諧共振，做好進入較高次元的準備。

博納：

我可以每天洗澡，清理身體，但其他體系的清理就令人摸不著頭緒，雖然「光的課程」就是在帶領我們清理與淨化，但是總有清不完的感覺。

蒂娜：

身體、情緒／感受體、理性思想體、乙太星光體雖說是四個較低體系，但它是渾然一體的，洗澡只是表皮的清理，並不是我們所

說的身體的淨化。當情緒／感受，思想意識沒有清理時，許多由情緒、思想所累積在身體上的雜質也無法清理，最終形成各種疾病。我個人認為，進入行星課程之後，才是真正地進入深層的清理，因為只有經由初級課程逐步打開的過程，才能進入深層自在自我的情緒／感受與思想／意識。

博納：

　　我現在才知道為何要到行星四時，才透過啟示錄的隱喻，引導光的能量清理我們的腺體，是不是因為在那之前，我們情緒／感受與理性思想的障礙使我們無法進入腺體的清理。

蒂娜：

　　可以這麼說吧！清理與淨化，就像理解與領悟一樣，必須同時在所有體系中一層一層地深入。當地球層層深入光子帶時，將促進我們的身體與情緒體排出毒素，迫使我們清理思想與情緒的障礙。

博納：

　　難怪我覺得這個時代身體與情緒上有問題的人特別多，原來無論修或不修，光子帶都會一視同仁地迫使大家進入清理運作，但是不理解這種清理過程的人，便不瞭解自己在什麼狀態中，形成憤怒、恐慌與紊亂，這種人身上好像到處都是地雷，一不小心就會被炸得遍體鱗傷。

蒂娜：

　　許多人受到光子帶的影響，開始排除身體的毒素與情緒上的障礙，但因不知如何配合這種清理與轉化，使身體產生許多疾病，情

緒上則有許多莫名的，無法控制的憤怒。這種狀態對修光的人來說也是不可避免的。然而，與別人不同的是，我們可以在覺知中運用上師們所教我們的各種不同的光的工具，以智慧與力量來走過這過程。

博納：

然而，我看到許多同學雖然拿了各種工具，一樣地發得很厲害，過程一樣很辛苦啊！

蒂娜：

這些工具不是讓我們停止身體或情緒體的排毒過程，我們一樣要經歷毒素浮現的痛苦及清理與治癒的過程，大部份的同學最終都得以在光的運作中，靠自己的力量獲得平衡與治癒。只是有些同學的過程較長，也許是因為他們被衝擊得昏天地暗，忘了在光中運作之故，這時同學們清理與淨化之過程的分享可以提醒他們，支援他們走過這些過程。我常常對同學們說，無論是自修或共修的人，往往拿了工具，只會像小狗埋骨頭一樣地把它藏起來，然後就忘了自己有一根骨頭，當然產生不了太大的作用。話說回來，工具的使用也是需要一段時間的練習與掌握，就像我們學習外國語言、球類運動、烹飪、縫紉、音樂、美術一樣，即使給我們再多的工具，我們還是不能以「道具取勝」，必須要靠自己的用心學習、體會與練習。因此往往是走過一遍之後，再回頭復習的時候才稍能掌握光的能量運用的訣竅。

博納：

所以不能怪是教師們帶得不好啊！很多人以為會通靈的教師才具有治癒的力量。

蒂娜：

「光的課程」與通靈我們先前談過，不再重複。但是要知道好的教師是引導你以自己的內在力量來調整與治癒，而不是靠他們所給你的外在力量。紀伯倫在《先知》一書中，被問到教導時，他說：「除了那在你知識的曙光中半醒半睡的事物之外，沒有人能夠教給你些什麼。走在廟堂的陰影下，行在追隨者群中的教師，傳授給人的，與其說是他的智慧，毋寧說是他的信實與慈愛。

他若真有智慧便不會令你進入他的智識殿堂，反而會引領你跨過自己心志的門檻。」以上這段出自劉佩芳先生的翻譯，晨星出版社所出版，全文要你自己去看。

博納：

這本書篇篇都很精彩，也是要一看再看，慢慢咀嚼，才能獲得它的精髓。

蒂娜：

我們剛才談到光子帶不僅促使我們的身體排出毒素，也能清理我們情緒上的毒素，這些毒素事實上是一種元素，如果我們不努力轉化這些元素，它一樣也會排出來，這樣不僅會影響我們的身體與情緒，也會影響周圍人的身體與情緒。你是否注意到在思想與情緒健康的家庭中生長的孩子是茁壯的，在思想與情緒是病態的環境中

成長的孩子，往往也是病態的，因此做父母的要有身心健康的兒女，就要注意自己的情緒，盡可能遠離那些不願意提升自己頻率的人。

博納：

　　但我們生活在一個與別人密切互動的社會環境中，大部份的人尚不理解清理與淨化，這些人往往包括自己的家人與公司的同事，如果我們必須遠離不願意提升自己的人，那不就只能遁入深山野林了，但並不是每個人都可以這樣做的，因此這種說法是滿不切實際的。

蒂娜：

　　俗話說：「小隱隱於山，大隱隱於世」，「光的課程」是一個入世修的大乘法門，雖然它有靜心冥想的次第，好像是小乘的法門，但冥想的目的是要培養我們的定力，保持高度的警覺，隨時觀察自己是否被乙太層面的雜質所影響，並學習釋放它們，這樣你不但能超越那些帶有毒素的頻率，不會與它們共振，反而可以將較高次元的愛與治癒的頻率帶給不知如何處理自己的人。

博納：

　　這種能力，根據我的觀察，要到行星四腺體淨化後才稍具應對的能力，要具有真正的力量，一般來說則要修完行星七的圖形與密碼之後，方能運用自如。

蒂娜：

　　雖然每一個時代的靈魂團體有它的共性，但每個人還是有個人不同的進度，我覺得現在的學生的進展要比我們當時快多了。我現在也還在錘煉中呢。只是我瞭解到，正因我還在過程中，所以我必

須將這蘊藏著非凡知識的能量傳遞給別人，只有當我們提供這較高智慧的能量給別人時，這頻率自然會回來與我們共振。也是因為如此，我才膽敢野人獻曝，在此與你漫談「宇宙次元」、「光的課程」與我們在三度空間的生命之間的關係。

博納：

　　這是《智慧的河流》中所說的：「在給予中，我們獲得」的原理囉！

蒂娜：

　　如果我們不是以這樣的方式運用這聚集的偉大的能量，我們將會像小狗追著自己的尾巴那樣，跟著一些無謂的瑣碎事物打轉。但我知道不能再為一些瑣碎的事物浪費生命啦，因為那樣對我來說太奢侈了。

博納：

　　我看你有時還是會去豪華飯店享受一段美好的時光，難道那不是奢侈嗎？

蒂娜：

　　偶爾放鬆一下，與家人朋友一起感受世間美好的創造是一回事，精神上漫無邊際地亂竄，有意識或無意識地散播自己的無聊與恐慌是另一回事。在地球這關鍵性的時刻，許多重要的知識需要傳播出去，才能促使地球的能量達到飛躍性的臨界點。瑣碎的事物會阻撓地球生物趨於完整所需的過程，我們已開始進入光子帶了，而我們的清理與淨化尚未完成，時間與精力的浪費便是一種奢侈。

博納：

所以你要帶領我們探討宇宙次元，但有人反應說這些探討，對他們來說太遙遠了，與自身的現實生活好像沒什麼關聯。

蒂娜：

如果我們的視野不走出第三次元的局限，我們無法找到生命的答案，我們便會停留在瑣碎的事物上，無法真正獲得淨化、提升與治癒。何況整個銀河星系，所有的次元，都在我們細胞核心之內，而不是在我們之外，可以說是咫尺天涯，我們會慢慢討論到它是如何地與我們息息相關。

博納：

這麼說是因為我們還在局限性的思想意識中，才會覺得三度空間以外的事物與我們的生命無關。反過來說，如果我們瞭解自己不只是一個三次元的存在，而是多次元的存在，我們便能走出自己的局限了。

漫談宇宙次元（九）

博納：

　　為什麼當地球處於銀河黑夜期，不在光子帶中時，地球仍然有光呢？

蒂娜：

　　處於銀河黑夜時期，地球的光來自我們太陽系的太陽，是一般所謂的陽光。進入光子帶，指的是進入一個充滿更多光量子的地帶。它是第七次元的環形光，由銀河中心的垂直軸心散發出來。它從銀河星系中心點不停地旋轉，進入銀河黑夜的黑暗中。（P.215）圖中顯示的是光子帶的光如何從第七次元散發到整個銀河星系中。

博納：

　　因此，當地球處在銀河黑夜期時，地球仍然從許多不同的星球獲得稀薄的光。所以還是有很多人獲得成就。

蒂娜：

　　在那期間，大角星或獵戶星等都會傳遞教導的訊息。當我們的太陽系在軌道中越是運行至黑暗的地方時，越是能接收到來自其他星系的智慧。天狼星團的知識便是在銀河黑夜期間啟動的。在西元前 3,500 年至西元前 1,400 年那一段時期的文明中，天狼星團為他們所有在地球上的子民打開光的幾何磁場。這種磁場被較高次元稱之為藍色尼羅河（Blue Nile）.

博納：

　　以諾之書談到藍色尼羅河，但我不能理解。就跳開了，只看一些我能懂的地方。我想那些不懂的地方在我該懂的時候就會懂。事實上光是去體會，領悟看得懂的地方，就受用無窮了。

蒂娜：

　　你能像陶淵明那樣讀書不求甚解，真是帥呆了。靈性的東西，不能勉強，只有自己逐步打開時，才能逐步理解一些原本看不懂的東西。因此，一時看不懂的就跳過去，不要執著地硬是要用我們的頭腦逐字地理解。時間到了，智慧打開了，自然會理解。

博納：

　　那麼地球是不是在光子帶中，對人類就好像沒有什麼不同了，反正都有光照著我們啊。

蒂娜：

　　地球不在光子帶時的頻率比較沉重與稠密，人類的進展更多的是屬於生物性的，靈性的進展非常緩慢。進入光子帶時，經由光量子的清理與重整，人類的進展更多是屬於靈性的。此外，在 4D 即第四次元中形成影像或感覺，為了表達這些感覺，便在 3D 即第三次元中製造活動，從中產生一些經驗，即所謂的因果。在銀河黑夜期間，很難擺脫因果的業網。但是，當星球進入光子帶時，便不再那樣稠密，因而對自身及宇宙多次元的本質能有更多的理解。這時候只要星球上的靈魂願意向光打開，將比銀河黑夜期更能快速地走出因果的糾結。

博納：

看來「光的課程」是較高次元因應地球進入光子帶而把在銀河黑夜期，只有少數人可以習修的光的運用密法向所有人公開。問題是光最早是怎麼產生的？

蒂娜：

光量子是自然存在，沒有開始，也沒有結束。它是一種純屬創造性的智慧。

博納：

科學界發現到光子帶的存在了嗎？

蒂娜：

60 年代以後人類開始把焦點轉到地球行星之外的太空中。光子帶是最初被發現是在 1961 年人類應用人造衛星時被偵測到的，但光子帶在這之前便早已存在。

博納：

聽說進入光子帶就沒有二元性的存在，二元性與兩極性的差別在那裏呢？

蒂娜：

二元性是在同一個次元中，卻是分裂的。譬如同樣在第三次元中，人類的思想卻會分成下面種種現象：不是對的，便是錯的；不是黑的，便是白的；不是友方，便是敵方；不是這樣就非得那樣……。二元性的思想意識是局限的，這種局限使人的智慧逐漸降低。兩極性是指兩種事物在共振、共鳴中，它們相互連接，能與不

同的次元及世界連接。例如天狼星團的幾何磁場，透過光量子的互相連接而擴展，這種互相連接打開通往其他次元的入口，使它能與其他星團同步，進入了這種同步性，你便會從你的局限中突破出來。

博納：

那我要去閉關了，好讓自己分分秒秒地置身在行星四、五、六的光的金字塔中，或許還有點進入較高次元的希望。

蒂娜：

那是旁門左道了，你以為進入其他次元，你就可以脫離第三次元，從地球上蒸發掉了嗎？現在天狼星團的幾何磁場正在擴展我們的磁場。你只要正常地學習，打開自己，與光連接，你的心靈意識便能與各個次元的意識、頻率與磁場連接。正常情況你是看不到、摸不到這些次元，但它們的頻率會在你之內運作，幫助你打開你的智慧與潛能。

博納：

所以再怎麼與其他次元連接，我的身體還是在第三次元中。

蒂娜：

身體是你存在的實相的一部份，除非經由靈魂的選擇，你無法抹殺它、蒸發它。看來你並不喜歡你所存在的第三次元，你不滿意你的生活環境嗎？

博納：

我覺得我所生活的環境太吵、太雜亂……

蒂娜：

那你的當務之急是審視你自己。無論你是生活在城市裏、鄉鎮裏、森林裏或沙漠中，都是為了你特定的進展，靈魂在特定的時間把你安排在那特定的地方。每個人在特定的時間、特定的地方所做的事，無論大小，都比自己所理解的還重要。此外，你內在的感受決定了你能從銀河星系中獲得什麼樣的真知。如果你恨你所處的地方，無論是你住的地方或你工作的地方，你便處在極大的危險中，你將無法安穩地處在其中，因為我們已進入光子帶，光量子會把你從那個地方排除。

博納：

那我要怎麼辦？

蒂娜：

你必須花一點時間與你所住的、所工作的地方融合，打從心裏接受它。你必須與你所在之地的能量一起運作，將那裏的能量擴大到你能再次回應地球。當你在一個地方完成你階段性的學習與使命之後，你自然會轉到適合你下一個進展階段的地方。無論是你的住家或工作地方，都是如此。

博納：

在我被轉移之前，我可能會先悶死。

蒂娜：

如果你這麼想的話，這種可能性不是沒有，因為你創造你的實相，所以我說你處在極大的危險中。話說回來，許多個人或共修團

體會時時安排自己或大夥一起到大自然中去清理與淨化自己，將擴展的心靈帶回並落實在自己所屬的地方，否則無論你如何在冥想中要進入其他次元，你會發現你只是在磨磚成鏡，枉費工夫。

博納：

記得很早以前，有人問你說「光的課程」會把我們帶到那裏去，你反問他想去那裏，現在我理解你不是在搪塞。要去那裏，確實是要靠自己的意願，與自己思想意識的進展而定。

蒂娜：

是的，上了「光的課程」，不比上了渡船般地，只管讓船夫幫你擺渡到彼岸。我感到整個課程更像是一個錦囊，其中自有妙計；是一張尋寶圖，每個人必須自己按圖索驥，你從中所獲得的，都是適合你在那一階段所需要的，最終必會自己到達智慧的彼岸。

博納：

確實是如此，我有同學說每當她在煩惱中時，隨意打開「光的課程」的任何一個級次、任何一頁，都可以看到溫柔的、愛的提醒，自己便在恍然大悟中化煩惱為菩提。

蒂娜：

要知道，那是因為她走在這途徑上已有一段時間，她能與課文中的文字、思想意識的頻率共振之故，才發揮了它的功效，對不修這課程的人來說，無論拿起那一級次的教材，他所能看到的只是一些淺顯的文字，無法真正獲得其中的能量所提供的獻禮。

博納：

　　說的也是，我以前讀過不少勵志性的文選，雖然讀的時候有些領悟，但過後它是它、我是我，未能融會與整合，想必是我未切入與作者共振的思想頻率中。這樣說來，任何事物都有一段融會與整合的時間，難怪上師們把「光的課程」設計成一個漫長的課程，好在它還有結束的時候。

蒂娜：

　　與一個系統之能量的融合，就像夫妻相處那樣，需要一段時間的磨合，因此要一段時間以後，才能真正融入在能量的運作中。我要提醒你的是，不要以為你把課文看完就可以志得意滿，整個課程修完一次，只是學徒生涯結束而已，也許你粗糙的表皮磨掉一些，但真正自的我精煉還是在那之後呢!當你如我們上次所討論的那樣，開始將這蘊藏著非凡知識的能量傳遞給別人；將這較高智慧的能量提供給別人，這頻率回來與你共振時，你才能達到真正的自我掌握。

博納：

　　天啊……我還以為我自掃門前雪就可以了呢！

漫談宇宙次元（十）

博納：

你老是與我們談清理雜質的問題，這些雜質到底是從哪裡來的呢？

蒂娜：

如果我們靜下來深入自己內在的黑暗，深入自己深藏的痛苦中時，我們便可以感受到某種較低、較稠密的障礙物梗塞在我們之內的某些角落。它們是一些 2D（第二次元）的元素，在銀河黑夜期我們創造了一些戲劇來學習，這些學習被我們帶到在 3D（第三次元）的身體中，成為我們與 4D（第四次元）的思想、情緒共振的媒介，促使我們自編、自導、自演一幕幕的悲喜劇。我們就是在那悲喜劇的二元性中學習。

博納：

那我應角逐奧斯卡金像獎，我想無論是編劇或導演我都有資格參選，起碼我應該可以拿個最佳男主角獎，我演得是那麼地投入，像真的一樣。

蒂娜：

天才太多了，每個人都是自己劇場的最佳編劇與導演，也是最佳男女主角。

博納：

我知道我這一生不是來拿奧斯卡獎的，我應該是來停止自己在三度空間的那些痛苦的、無意義的連續劇。但到目前為止，我對如何停止它還是一點想法也沒有。

蒂娜：

你的原型劇場在 4D，它是乙太層面的欲望。一般人在混亂無覺知的狀態中是無法偵測它的，因此只能在三度空間做它的傀儡。我相信現在的你，應已知道自己被乙太層面的欲望所控制，只是沒有掙脫的能力而已。我相信你對「一切唯心所造」⋯⋯，「你創造你的實相」⋯⋯已有些許概念，這種理解是停止肥皂劇最基本的要求。

博納：

我當然知道，「光的課程」一直在講這個，但我還是掌握不到要領。

蒂娜：

那是因為我們在三度空間的實相，完全只是自己的感受（perception）。當你覺知到你的感受時，你便可以選擇你的思想與感覺，你可以決定要讓什麼事物銘記於心，要去除什麼樣的烙印，這種選擇決定了你的世界。這其中一個要點是，你如何看你自己的內心世界。一旦你看到外在的世界是如何由你的內在能量所創造，你就會去思考你的心識為何製造這些劇情，並審視自己從中學到了什麼，一旦你真領悟到了，決定釋放它們，痛苦的連續劇便會停止。

博納：

2D 的元素既然是我們為了創造把它帶到 3D 的，為什麼這些 2D 的元素又變成雜質了呢？

蒂娜：

因為我們已結束在銀河黑夜期為了學習所需要的經歷，現在是光子帶的過濾期，我們都自主地或不自主地在去蕪存菁中邁向清晰、明亮的較高次元的光，而這些 2D 的元素完成他們的任務後，便渴望回到他們自己的次元中，從而以各種方式迫使你釋放它們。如果我們能傾聽它的訊號，便能趨吉避凶。

博納：

如何解讀它的訊號呢？

蒂娜：

每當你在清理自己強烈的情緒感受時，注意是身體的那一部份在疼痛，把你的覺知放在那些部位上，以最大的敬意要求這些元素離開你們的身體，離開第三次元，返回他們自己在第二次元的家。當然，有時深沉處的疼痛與雜質在身體上已形成疾病時，是無法單純地以一般人未精煉的、粗糙的思想去治癒。

博納：

所以要用光的能量，對嗎？

蒂娜：

光的能量可以說是預防勝於治療。如果你的症狀只是一種釋放過程的現象，光的能量可以幫助你加速釋放它，減輕、縮短你痛苦

的過程。但是，如果它一旦已在身體上形成損害，經由醫生的協助，還是必要的。無論是中醫、西醫、手術、中西合併、民俗療法，都是合適的解決之道，它是上天所祝福的，因為挽救回來的生命，使你能持續地探索如何創造純淨的思想。

博納：

中醫、西醫、民俗療法，各有優點與缺點，我們雖然不是要討論醫學，但如果面臨必須選擇一種療法時，要如何抉擇呢？

蒂娜：

與內在自我連接的人，較高自我將巧妙地引導他們去找到適合的方式。

博納：

我贊同預防勝於治療，但是除了盡可能清理自己做為預防之外，我想知道所謂前世帶來的疾病是怎麼一回事。

蒂娜：

一些潛藏在身體的疾病，通常是由過去世的經驗所形成的，在過去生因尚未具有圓滿處理這些經驗的能力，這些元素便形成一種肉眼無法看見的結晶，隨著我們再度誕生地球時，儲存在我們的乙太星光體中，在身體與乙太星光的思想、意識與能量的交流與互動中，逐漸轉到身體上，潛藏一段時間之後，便具體顯現成為疾病。如果你覺醒得早，在乙太層面上，至少在潛伏期間便將它清除，它便不會在你的身體上產生疾病。

博納：

　　上師們真的是細緻到在「光的課程」中還安排了乙太星光體的級次，只是沒告訴我們為什麼要清理乙太星光體，所以我沒把那一級次當做一回事，難怪行星級次修得很辛苦。有時還令我感到，是否走在光的途徑上才會有許多令人困擾的事發生。

蒂娜：

　　醫院裏、精神病院裏、監獄裏的許多朋友，大部份都沒修過「光的課程」或其他修行法門的人，他們仍然會生病，仍然會遇到許多令他們失去理性，犯下錯誤的事情。要知道無論是疾病、家庭、事業或人際關係的問題，都是以前就遇到過的問題，只是往往因我們不具備處理的能力，便用種種方式去逃避它。在銀河黑夜期，我們可以一次次地重返地球，在因果的循環中拖延或躲避，但進入光子帶時，強烈的光量子使一切事物都浮現出來，沒有黑暗角落可以躲，倘若你不處理，身心的煎熬將比銀河黑夜期間更甚。而且進入光子帶，表示我們已到了要進入另一個進展階段，因此一切因果必須在這期間了結。行星級次會加速你的淨化與進展，乙太星光體沒有清理到一定程度，便進入行星的學習課程，就好像昨天的工作沒有做完，今天又有新的工作要做一樣，使你手忙腳亂，但如果你能靜下心來，一步一步地面對與處理，你還是可以走過它。

博納：

　　上次你談到你不能奢侈地浪費時間與精力，似乎有一種緊迫感，但是一個紀元有兩千多年，表示我們在光子帶中將有兩

千多年的時間，這一生沒處理好，還有下一生嘛，為什麼要那麼緊張呢？

蒂娜：

　　你以為你要投生地球，就隨時可以在地球上誕生嗎？地球要每隔一萬三千年才進入光子帶，所有在一萬三千年的銀河黑夜期間，已做好進入下一進展階段之準備的靈魂，都渴望在這期間投生地球，要到地球來的靈魂可以說是大排長龍了，因此，誰也沒有把握自己是否能在這段時間再次獲得投生地球的機會。

博納：

　　人身難得，除了感謝生我、養育我的父母之外，確實是要加緊習修。對了，我聽說單子能量很具威力，它是否可以讓我加速解決我在三度空間的困擾。

蒂娜：

　　在「光的課程」中，這是習修的最後一個級次，這之後，上師們所編的這一特定的「光的課程」的教材便告結束。雖然在系列二的行星級次中，略略地提到單子能量，但他們讓我們一直到習修完天使三之後，才真正帶領我們進入這能量的運作。

博納：

　　難怪我忽略它了，我只是聽到一位剛開始習修行星的同學說，他試了一下，很具威力！使他的生命獲得很大的轉折。單子能量到底是那一次元的能量呢？

蒂娜：

　　如果他沒有在前面的級次中一路走來，我想他未必能啟動單子能量。這像吃饅頭一樣，吃一個不飽，二個不飽，第三個飽了，你不能說早知道不要吃前面兩個，只要吃第三個便可。現在回答你的問題：單子能量存在於所有次元中，就像所有光的頻率一樣，早就存在於我們的身體中，等待我們去啟動。它是我們投生地球時，宇宙天父賦予我們的一顆夜明珠；它是讓我們在第三次元中得以表達正確創造的工具，只是大部份的人忘了自己有這麼一顆瑰寶。那些讓這夜明珠煥發光芒的人，便能在世間創造出許多美好的事物，成為大家所羨慕的成功的人，或所景仰的偉人。

博納：

　　難怪，那位同學說這能量真有效，我要趕快用它了。

蒂娜：

　　每個人的經驗是極其個人的，我不希望你被別人的經驗所誤導。大部份的人把正確的創造與在物質世界創造財富混淆了，致使大家無法發揮它的功效，因為單子能量不是物質性的。單子能量與我們的工作或人際關係沒有直接的關係，但啟動單子能量將使我們能快速地解決工作上、人際關係上或身體上的問題，因為這能量所蘊含的智慧是較高自我的真知，它對第三次元中的一切有著全面的理解，因此能使你破除你在 3D 的局限，發揮你正確的創造力，那麼你的工作、你的人際關係自然會圓滿。

博納：

　　真令人響往，但我已瞭解到自己不是那種可以一步登天的料，投機取巧只是自找麻煩，騙得過別人，騙不了自己。以我的資質，我硬是必須把每一級次的基礎打好，為進入下一級次的進展做好準備，才不會手忙腳亂。簡而言之，欲速則不達，只有耐著性子一步一步地走吧！

蒂娜：

　　耐性是我們在第三次元的一大功課。事實上，當我們踏上光的途徑時，這顆夜明珠便已啟動，只是因為我們還有障礙，所以無法真正發揮它的功能。所以上師們把單子能量的運作放在最後面，這並不表示它是最高的能量或是最神秘的能量，它只是一種讓你可以將你所學的種種光的工具，靈活運用的能量之一罷了！

漫談宇宙次元（十一）——光量子

博納：

　　什麼是光量子？

蒂娜：

　　光量子是一種極小的電磁量子，不需要充電，生命期限是無限的。由於電子是生命的基本活動，它引發正電子的轉化，也就是因果的轉化。

博納：

　　因此，當我們太陽系的光量子不斷地增加時，便加速了因果的轉化。

蒂娜：

　　是的，前人談因果時都以三世因果或多生累劫的因果來形容。但你是否注意到，許多人所做所為的前因後果，在這一世便已有明顯的回照，迫使他們在這一世便得開始去審視自己。

博納：

　　那麼光量子與因果的轉化之間有什麼關係呢？

蒂娜：

　　當我們釋放因果時，反粒子與電子便在碰撞中形成光量子。這光量子使我們看到自己深沉的潛意識，並從中獲得由光所產生的與我們自身有關的新資訊。

博納：

　　難怪習修「光的課程」，有意識地運用光的能量之後，光量子使我面對並釋放許多負面因果。

蒂娜：

　　是的，我們越是探索自己的因果，我們的生命就越具光量子的能量。你是否注意到隨著自己清除了強烈的情緒之後，你也釋放了許多執著與習氣，由於轉化了許多舊有模式，使一些痛苦的人際關係得以轉化，因果便隨之而轉。

博納：

　　這是因光的能量將情緒體中的反粒子轉化之後，引發電子在我們的身體體系中運作的緣故吧！以前用腦意識的思想無法轉化的情緒、習氣或行為模式，進入行星級次後，就越來越容易看到自己明顯的轉化。

蒂娜：

　　轉化不是來自頭腦的思想，而是來自釋放身體中的反粒子，即乙太星光體上的雜質。

博納：

　　所以只有在我們清除了身心上的雜質之後，進入光子帶時，我們的磁場方能與大量的光量子融合。

蒂娜：

　　是的，當我們釋放了在銀河黑夜期所產生的稠密、沉重與執著，回到我們原本的光的本質，即身體所有細胞都是純智慧時，昂

宿星團便集合在一起，解讀我們的密碼，與我們一起設定下一個
26,000 年的進展程式。

博納：

解讀我們的密碼？感覺好像他們在看我們的體檢報告一樣，讓
我們無法以語言來掩飾自己的真實狀況。

蒂娜：

由我們的思想意識、情緒感受所形成的編碼，比體檢報告書還
精准，因為它是一種出自宇宙智慧的編碼。

博納：

這樣好，我可以不用擔心自己拙於言辭了。只是要所有的細胞
都回歸純智慧的狀態，就硬是比登天還難啊！

蒂娜：

感覺是思想、靈性的治癒之源，它是如此地不可思議，越是微
細，便越是具有治癒力，因為思想與心靈是起因體。人類身心意識
的疾病往往來自扭曲的思想意念。無論是身體或靈性的治癒力量，
都與愛的力量有直接的關係，在愛存在的地方，昂宿星團的存在們
便受到吸引前往協助，銀河星系的運行也會產生助力，如果你順應
這天道的運行，便沒有你想像的那麼難。

博納：

是的，我怎麼老是認為一切要靠這個小我的自己呢？現在，我
要如何喚發這愛的元素呢？

蒂娜：

　　以新時代的言語來說，便是與「內在的小孩」接觸。

博納：

　　你說了等於沒說，對我這頭腦型的男人來說，這句話就更玄了，我想只有生育過的女人才知道什麼是內在的小孩吧？

蒂娜：

　　這內在的孩子，指的是我們對昂宿星團那「愛」的能量的記憶。也就是說「愛」像一個純淨的孩子般地，存在於我們的心靈之內，我們只要觸及這「愛」的能量與意識，便是與「內在的小孩」接觸。

博納：

　　那麼如何吸引那做哥哥的天狼星團的協助呢？我覺得我除了需陰性能量安撫我的創傷之外，我也需要一些陽性的能量來平衡我的理性思想。

蒂娜：

　　當你喚發內在無垠的愛時，天狼星的意識之門便能向你打開。「愛」是我們可以走出身體的局限，走出線性的時間與空間的元素，因為它是其他次元的存在們與我們溝通的通道。

博納：

　　除了喚發內在的愛之外，還有更具體的與天狼星團的存們在一起翱翔的方式嗎？

蒂娜：

　　天狼星團的工作是啟動較高思想，他們從不隱藏他們的資訊。當我們翱翔在以諾之書（The Keys of Enoch）時，以諾聖團可以帶領我們的意識上升進入銀河中心，因為當我們輕叩通往天狼星團或以諾聖團之門時，他們的門便為我們打開，讓我們一覽他們是如何地與我們共同創造。

博納：

　　智慧沒開，很難進入這本書，更不要說把它讀通，或翱遊其中了！

蒂娜：

　　你也可以從古埃及的記錄中看到他們的資料。天狼星的資料仍然存在埃及給任何可以閱讀它的人看。這能量有某種程度的影響，但它的精細使大部份的人無法理解，包括考古學家在內。

博納：

　　那對我來說就別談了，我還是乖乖地修行星課程，喚發內在心靈的愛比較實際。

蒂娜：

　　有些人在修行星四時，便能感受到自己的內分泌腺與天狼星的頻率共振。這是因為天狼星團運作的焦點，著重在我們整個身體的幾何光體上。天狼星團正幫助我們有意識地在精細的腺體上運作。只是這些微細的頻率，對有些人是難以承受的，這種時候，可能就要回頭修前面的級次了。同時，由於天狼星團的工作是開啟我們的

較高思想體系之故，在「光的課程」中，修到較高級次，開啟了較高智慧之後，你很可能就可以理解這些資料。

博納：

我誠心地期待那一天的來臨。

蒂娜：

不要忘了昴宿星團的焦點在人類的心輪上，昴宿星的知識啟動我們的胸腺－較高心輪，他們推動我們的心、肺、肝與皮膚的治癒與調整。

博納：

走在光的途徑上，無論是身體上的、心靈上的，尤其是腺體的治癒是那麼地微細，在為進入光子帶做準備的工作上，它又是那麼地重要。

蒂娜：

是的，能在疾病產生之前便開始調整身體，是有福之人。天狼星團正發送巨大的幾何意識，如果我們的身心意識能與之融合，我們便能恢復我們自身原有的完整性。我看到有一段來自天狼星的訊息這麼說：「在次元轉化的期間，如果你能架構一個光的金字塔的能量磁場，以蓮花坐姿坐著，或就是站立其中，將產生極其強大的治癒力量，使你能經受任何轉變，直到你調整好為止。這種練習將使你在進入光子帶時得以保持你的完整。」

博納：

淺談光量子之後，讓我們也談談光子帶吧。

蒂娜：

　　1987 年銀河同步光波（Galactic Synchronization Beam）使光子帶達到新的次元頻率，使許多人對儲存在身體細胞裏的九次元的記憶有所覺醒。

博納：

　　1987 年銀河同步光波，是否就是所謂的 1987 年的「和諧會議」？我一直以為那是一個特定的世界性的聚會。

蒂娜：

　　它指的正是 1987 年的「和諧會議」。在那一年，銀河同步光波的能量，導致光子帶達到一個新的次元頻率。引發許多人釋放負面的因果。我想因為它是大量和諧之波的聚合，而被稱之為和諧會議，指的是銀河星系能量的聚合。

博納：

　　這和諧會議的影響真是深遠。

蒂娜：

　　讓我們回到光子帶的探討吧！當銀河星系受到銀河同步光波的啟動時，它黑暗的液體開始規律性地跳動，光子帶成為以核能般的力量清理整個銀河星系的地帶。

博納：

　　每顆星都會像地球這樣進出光子帶嗎？

蒂娜：

　　銀河星系中的每顆行星，遲早都得通過光子帶來走過銀河的九個次元。這充滿電子能量的光子帶，是支撐銀河團隊的架構。

博納：

　　光子帶的清理作用又是如何產生的呢？

蒂娜：

　　光子帶激發隱藏在整個銀河星系中的反粒子，這些被清理出來的反粒子，又增強了光的勢能。光子帶促使我們排出身體、情緒／感受體、理性思想體及乙太星光體的毒素。越深入光子帶，排毒的作用便越強。

博納：

　　排毒的作用越強，過程也越辛苦。

蒂娜：

　　我想排毒過程的辛苦，比起被疾病打倒的醫療過程，要輕鬆多了。清理自己的思想與情緒要比陷入在糾結不清，痛苦的人際關係中要輕鬆多了。

博納：

　　這倒也是，我實在是應以感恩之心來看自己的排毒過程。

蒂娜：

　　人類具有與別人的頻率共振的本質，細察自己的頻率振動是非常重要的。人們往往因為與這些混亂的勢能共振，而患上各種疾病，尤其是癌症。

博納：

　　我已學會儘量不去靠近那些不願意提升自己頻率的人。因為我一接近憤怒的人，感覺就像進入核能實驗室般地危險。

蒂娜：

　　這是剛開始覺醒時的狀態，如果你真的把自己的身體、思想意識與情緒淨化了，你便不會與這些帶有毒素之人的頻率共振，因為你與他們之間振波的落差大了之後，便不會產生共振。

博納：

　　所以我們的身體、情緒會受外在頻率的影響，是因為自己內在的革命尚未成功，仍需努力之故啊！不能因自己的身心情緒在發作，就牽拖，說是被環境或被別人所影響。

蒂娜：

　　台語「牽拖」這兩個字真是絕妙好詞，牽拖真的是初學者，敏銳度剛開發出來時，最常有的現象。

博納：

　　是啊，有時我還明知故犯，硬是要牽拖別人或外在事物。因為革別人的命，總是比革自己的命要容易多了。

蒂娜：

　　做鴕鳥只會延緩你的排毒與成長。當然，我們仍然有在兩極分化中做選擇的自由。由於被賦予自由意志，地球人類在兩極分化中，很自然地分成兩個團體，一個團體是努力清理自己的身心情緒，遠離放射物質與化學物質，隨時觀察自己是否被乙太的雜質所

影響，並學會釋放它們。另一個團體是不去留意自己是否接近毒害自己的事物，拒絕清理自己的情緒與思想，因處在憤怒中而生病。一個團體是操持高度的警覺性，有意地保持清明與健康。另一個是不願意向內探索，任由自己憤怒狂亂的風暴摧殘自己與別人。

博納：

　　這種時候，我真希望上天不要給我們自由意志的選擇權，強行把大家壓制下去，不就省了許多麻煩了嗎？

蒂娜：

　　上天之所以賦予人類自由意志的原因，你先思索一下，以後有機會再談了。

漫談宇宙次元（十二）

博納：

　　談到光子帶，資料顯示，瑪雅星處在光子帶的時候多於處在銀河黑夜的時候。

蒂娜：

　　是的，每隔二萬六千年地球進入寶瓶座時期，也是瑪雅星完成它的大循環又重新開始的時候。根據阿茲特克與瑪雅的天文曆，2012 年也是瑪雅在 104,000 年中完成四大循環的時期。

博納：

　　那麼瑪雅星在銀河星系的角色是什麼呢？

蒂娜：

　　瑪雅星的職責是確定大家準時無誤地依時刻表的進度而運行。

博納：

　　資料也顯示昴宿六則一直處在光子帶中。

蒂娜：

　　昴宿六（Alcyone）確實隨時在光子帶中，也因為一直處在光子帶之故，他們不會在線性的時間與空間中製造類似三度空間的因果。不過他們為在兩極中進展的地球而著迷，他們的心中對地球人類的因果沒有批判，所以地球成為他們的實驗室，他們也成為地球的實驗室，共同完成我們這一銀河星系的進展。

博納：

除了心靈上，經由愛我們與昴宿星團連接之外，在銀河星中，地球又是如何與昴宿星團連接呢？

蒂娜：

我們的太陽透過由昴宿六的恒星之光所形成的螺旋與昴宿星團連接。在銀河黑夜期，太陽能是一種宏偉的，具有鎮靜、治療功效的藥劑。昴宿六具有與太陽能相似的元素。

博納：

那我們又是如何與天狼星團連接呢？

蒂娜：

天狼星團正在擴展他們那廣大無邊的幾何結構，這結構強化昴宿星團愛的頻率感受。讓愛在你們的家庭中，你們生命中的一切事物中升起，你們將能從心中的感受認知它。

博納：

這屬於心靈上的連接……。

蒂娜：

存在於第三度空間的幾何架構在逐步形成中，已成為一個真正的金字塔。這金字塔架構，使我們得以將天狼星系的幾何實體落實地面，並從中產生連接。

博納：

難怪進入行星四，在光的金字塔中，我所有的情緒都被放大，膨脹的程度有夠誇張。當然，放大後的情緒體令人一目了然，無從

否定。有些情緒好笑的程度令人難以置信，有些憤怒、恐懼的情緒，則令人幾乎無法控制。好在現在我已能運用覺知，逐步清理，到了行星七這過程就緩和下來了，體會到什麼是無毒一身輕。雖然我還有一些殘餘的情緒雜質，但清理過後的我，脾氣與包容力好到自己都不敢相信。

蒂娜：

事實上，我們的身體也在加速淨化的過程，因為雜質必須清理，這就是為什麼我們必須把地球當做自己的家園，蓋亞才能協助我們，使每一個人重生。

博納：

蓋亞如何與較高次元協作來幫助我們呢？

蒂娜：

上師們在行星一的課程中，便已教導我們建立一道光的彩虹橋，讓我們經由光的彩虹橋，進入行星中心，進入我們內在次元的聖殿，這過程使我們得以逐步累積個人通往多次元的智慧。

博納：

哇！不知道光的彩虹橋有這樣的作用，許多人總認為自己還沒淨化好，遲遲不敢進入行星的運作，不敢跨過那道光的彩虹橋。

蒂娜：

當我們經由光的網絡傳遞能量給地球時，我們也獲得較高次元與蓋亞的智慧。因此，正因我們在初級課程結束時，未能完成我們

的淨化，或真正啟動我們之內的宇宙智慧，以及我們的密碼，我們才需要繼續深入行星課程。

博納：

好在我修完初級課程時，為了喜歡跟班上同學在一起，我就糊裏糊塗地一路跟下去，現在看來，不去想太多也是對的。現在我發現修行星課程最大的好處是學會進入內在的聖殿，給自己的心靈一個美好的空間。每當我需要清理、治癒別人或自己時，便會自然而然地來到這行星中心的內在聖殿中，儘管我常常是進入夢鄉，但當我從聖殿出來，面對現實生活時，我發現恐龍已經不在了，一切恐懼的幻象自然消失了，我也比較知道如何以智慧來面對一些問題。

蒂娜：

以蓋亞為基點，含融九次元的中軸，將在你的凝定中把其他次元的存在們帶到你面前。最後當你與較高自我融合時，你將是一個含融一切事物的宇宙存在。你將能很快地從自己的言行舉止中，識別出光的能量與智慧是否在你之內。

附圖將幫你們你瞭解 1D 是如何將你落實在一個點上。

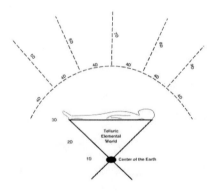

博納：

　　以前總是認為「光的課程」不講道理，現在發現，儘管我當時對我們現在所談的這些理論一無所知，只是依上師們所教的方法進入光的運作，我也達到了特定的效果，我想可能正是因為沒有過多的理論，沒有所謂的知識障，我反而容易進入能量的運作。

蒂娜：

　　所以儘管有些人對教材中的許多地方無法理解，我們還是不能在教材上做注解，逕自在教材上做注解是妄自菲薄。事實上，光的運作所啟動的智慧，早已存在於我們的細胞記憶中，很多人承認必須反復咀嚼方能領悟。我感到我們在這裏閒談，還花許多時間來整理我們自以為探索出來的寶，其實是畫蛇添足的啦！

博納：

　　不能這麼說，我認為是畫龍點睛，因為這些隱隱約約的內在知曉或感覺，經由思想的整理，就更清晰、更具力量，至少對我而言是如此。譬如現在，我就很想知道創造力到底在那一次元。

蒂娜：

　　在任何體系中，創造力皆出自第一次元，它連接九個次元的智慧，因此也可以說存在於所有次元中。越是遠離第一次元的事物，就越不是那麼地實心或堅固，在不同的次元中，形成不同的創造元素。

博納：

這麼說，來自任何次元，無論是有形的物質體或無形的心靈意識，都是我們創造的元素，如何擷取，要創造什麼，端看每個人的意願了。

蒂娜：

在進入光子帶之前的銀河黑夜期間，我們已累積了足夠邁向下一個進展階段的記憶或經驗，這也是創造元素。現在所有累積的潛力都浮現出來，人類在顯像世界的創造，比起以往，都將更快速地顯現出來。

博納：

那麼創造所需的能量從何而來？

蒂娜：

對任何次元來說，啟動那一次元的能量來自在它之下的一個次元，譬如我們的身體在 3D，其力量之源是 2D。我們必須熟練掌握蓋亞的元素，掌握自身的感受，才能理解在 3D 之上的，更精細微妙的次元。

博納：

那麼如何啟動更高的智慧來創造呢？

蒂娜：

如要啟動更高的智慧，則要靠高於它的頻率，也就是三度空間以上的次元。各次元之間的關係，比你所能想像的還要密切，沒有

一個次元可以單獨存在，所有的次元都必須有一種週期性、定期性的融合。

博納：

所以我們習修「光的課程」是因為我們到了必須整合我們內在的所有次元的週期，以順應宇宙進展的循環。

蒂娜：

是的，順應宇宙進展的循環非常重要，不要以為宇宙生命的進展是身外之事，與你無關。我們的存在本質，確實是光的成分多於固體元素，每一個電子都是我們身體細胞中的分子。宇宙在我們之內，我們體內分子與分子間的距離，就像一個宇宙與另一個宇宙之間的距離那麼遠。我們的身體記憶體存在著許多世界與眾多的宇宙。

博納：

因此，宇宙進展的循環事實上是在我們之內，而不是之外進行著，如果我們不去順應、參與銀河星系的進展，我們的意識便會腐化，細胞就會衰敗。現在我瞭解何以上師們在行星四透過啟示錄的寓意，帶領我們清理身體上所有的腺體，這也是為我們進入下一個循環做準備吧！

蒂娜：

整個課程都在引導我們在圓滿完成這一循環的同時，為進入下一個循環做準備。

再談宇宙次元──第一次元

博納：

在「光的課程」中，上師們一再告訴我們要向多次元的自我打開。漫談宇宙次元，只是讓我對宇宙次元的架構，有一個粗略的概念而已。對宇宙次元的探索，很希望能再深入一點。

蒂娜：

對宇宙次元有較多的理解，可以使我們更願意向多次元的意識層面打開，而向多次元的意識能量展開之後，也會使我們打開或觸及到自己所需要治癒的層面。就讓我們試試看吧！以後我們將以 D（dimensions）來代表次元。

博納：

嗯，我相信治癒後的自我，自然會是一個提升的、和平與喜悅的自我。但是，我還是想不通，何以我們是多次元的存在？

蒂娜：

我們銀河星系的九個次元，坐落在由地心向上延伸至銀河中心的中軸上。當我們投生地球時，我們的感知、覺受都在這軸承上。這軸承在古老的文化中，常被稱之為生命樹。沿著這軸承，我們的心靈意識，可以從地心的 1D 至銀河中心的 9D 中，上上下下，來回往返。我們可以從 1D 往上升，也可以從 9D 往下降。

博納：

我們的銀河系到底有多少次元呢？

蒂娜：

　　地球的垂直軸連接九個次元，它本身直通第十次元。據我所看到的資料顯示，第九次元就是所謂的銀河黑洞。昴宿星團的資料顯示，目前他們所知道的銀河系，大約有二十六個次元。

博納：

　　天啊，我們要學習並與二十六個次元融合嗎？

蒂娜：

　　超越第九次元以上的層面，就不是人類可以理解的。因此，只要我們能融會貫通，能與這軸承上的九個次元的自我整合，就已達到靈魂在我們目前這進展階段的目標了！

博納：

　　那我們要如何去融入在整個九次元之中呢？

蒂娜：

　　如果我們要體驗這宇宙的九個次元，我們必須能與每一個次元的頻率共振，包括 1D 及 2D。

博納：

　　在「光的課程」的靜心冥想中，尤其是進入系列三，行星課程的中級課程後，感覺自己較容易進入 5D 與 6D 的頻率，因為我可以感到自己心靈意識越來越輕盈，地心引力對自己身體的影響越來越弱，但如何與 1D、2D 共振呢？

蒂娜：

　　人類的腦部以及神經系統，與整個垂軸的頻率是共振的。1D即蓋亞本身。因為我們的肉體出自蓋亞，我們的血液中含有鐵核心水晶的鐵質，我們的血液便自然地與蓋亞共振。

博納：

　　所以我們只要愛著地球這個提供我們生命表達的家園，我們自然就與它共振了。

蒂娜：

　　這是一種方式。昴宿星團的存在們說，人類腳底的脈輪與 1D 的鐵核心水晶共振，海底輪與 2D 地殼下的領域共振。

博納：

　　因此，每次靜心冥想結束時，上師們都會叮嚀我們把能量經由雙腿、雙腳出去，落實黑色之光的脈輪中心點。我想就是讓我們落實地面，並與 1D、2D 連接。

蒂娜：

　　這核心水晶不僅使我們與 1D、2D 共振，它同時也使我們與宇宙萬物連接。這核心水晶不斷地散發影像、象徵、色彩、形象。是這鐵核心的脈衝，創造了這垂直軸的九個次元。

博納：

　　我也看到資料說，這脈衝是地球表面的能量之源，這能量之波經由 2D 形成地表，回應來自天空的光波。我們生活在地球表面上，是這些能量波的表達。但我們如何成為有機體的呢？

蒂娜：

　　這對我來說，也還是個謎，希望在我們持續的探索中能找到答案。

博納：

　　綜觀我們前面所談的，目前我的概念是：1D 與 2D 是從地球核心，到地表之間的兩個層面；3D 是地球表面的有形物質，4D 是我們看不見的，由人類形形色色的思想意識所形成的「群眾思想、意識」的層面，至於 5D 至 9D，我認為即是佛家所說的天界。

蒂娜：

　　從文化角度來說，5D 以上即是東方人所認知的仙界，或天人的世界。但是，天界並不表示他們比地球的世界更高級，或可以統治地球。事實上，人類可以從身體的意識層面，自由進出這些較高次元。這種向多次元的自我打開，可以幫助我們平衡人類生命中，最基本的事物。

博納：

　　不僅如此，據我所知，經由光的能量，進入較高次元，將是地球進入光子帶時，人類所能賴以生存的基本技巧。

蒂娜：

　　事實上，現在這種跡象，已開始顯現了。我們已看到或體驗到，任何人，包括我們自己在內，只要思想、意識，一旦陷入在黑暗中，不但身體開始製造各種疾病，心靈也開始製造各種令人痛苦與煎熬的戲劇，使人很難以維持正常的生活。

博納：

　　是的，我也感覺到，經由在「光的課程」的學習，清理與淨化後，我重新拾回我生命的活力。

蒂娜：

　　我們越是能在整個銀河系的所有次元中穿梭自如，我們就越容易從整個宇宙中，獲得我們生命所需的能量，以及創造的機緣。

博納：

在漫談宇宙次元的第十二章中（P.268）有一個圖，顯示人類與九個次元的關係。我的理解是：尖角 1D 象徵在地心的鐵核心水晶，2D 的元素在等邊三角形中，躺在桌面上的人象徵 3D。當我們活在 3D 時，我們存在於線性的時間與空間。然而，我對它所表達 4D，則不是很瞭解，好像它夾在每一個次元之中，還是說它在每一個次元之下？

蒂娜：

　　它試圖告訴我們，4D 是由二元性的群體思想、意識與感受所形成的一個罩蓬，像網一般地籠罩著 3D 的人類的思想意識。5D 至 9D 象徵當一個人解決了二元性的幻象，並啟動較高較細緻的思想意識時，便能穿越 4D 這個罩蓬，進入 5D 以上的各個次元。

博納：

　　下面的這個圖，顯示的就是我們一開始就談到的：「地球的垂直軸連接九個次元，它本身直通第十次元」嗎？

蒂娜：

　　它顯示各次元的意識，從最低的次元至最高的次元是如何地環繞著這垂直軸。圖中闡明，環繞著垂直軸的各個次元，1D 是地球的鐵核心水晶，2D 是地殼下，很深很熱的生物圈，3D 是人類線性的時間與空間，4D 是群眾思想意識，5D 是昂宿星團的愛與創造的次元，6D 是神聖幾何／天狼星團的次元，7D 是銀河資訊光的高速網，是仙女座銀河星系，8D 是銀河聯邦政府，是獵戶星座，9D 是銀河星系的中心。

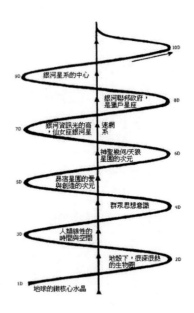

博納：

　　說起來容易，你看這垂直軸，要在其中上上下下，非得要有功夫才行呢！

蒂娜：

　　1D 最稠密，越往高次元，密度就越不稠密，也就是說密度會越低。密度來自地心引力。1D 的鐵核心水晶的密度是礦物質的二倍。2D 是鐵核心水晶與地殼之間，其中的物質密度高於 3D 地球

表面。我們在 3D 的物質體是有密度的固體，4D 的群體思想、感受就變成非固體。我們可以從歷史、宗教去參與 4D 的思想感受。

博納：

越高的次元，密度就越低，是不是就越不受地心引力，以及群眾思想意識的影響。

蒂娜：

是的，正因如此，我們可以從三度空間提升、擴展自己的各個體系。當我們所有的體系清理、轉化到一定程度，自己的思想、意識更輕盈，完全是光的能量與智慧時，你就可以感受自己的覺知與意識，能自由自在地穿梭在所有的次元中。

再談宇宙次元——第二次元

博納：

　　我們談到要在第三次元的局限中獲得自由，首先必須尊重第一與第二次元，並與他們和諧運作。但我一想到地殼之下，就會聯想到地獄，感到有點恐怖。

蒂娜：

　　在雙魚座的時代，因人類的心智，尚未發展到能理解「你創造你的實相」這一真理。為了方便教育，便有人製造天堂與地獄的故事，來闡述善有善報，惡有惡報的宇宙法則。一般人便依自己的想像，認為天堂在雲端間的天空之上，相對於地殼之下的世界，讓人在無形中，對自己腳底下的世界，感到害怕或恐懼。

博納：

　　嗯，現在我們要調整這種觀念了。我已逐漸理解，在我們腳下、地殼之下的世界，是一個有著豐富生命的宇宙次元。

蒂娜：

　　事實上，2D 本身是一種頻率振動、一種脈衝，所湧出的能量，即是我們生命活力的泉源。它調節我們身體機能的運作。我們身體的健康，是依我們與它的頻率共振(Resonance)的和諧程度而定的。

博納：

　　嗯，從圖一可以理解我們在 3D 的體系是如何地與 2D 及 4D 共振。

蒂娜：

我們的頂輪，連接 4D 以上的所有次元，當我們將較高次元光的頻率帶入我們的體系中，並將這整合的頻率與 2D 的頻率融合時，不僅我們的細胞組織能獲得治癒，我們的 DNA 得以修復，我們的氣血，也將像清純的山泉水般地流動著。如果一個人能平衡身體的兩極能量，去除情緒或思想上的阻塞，清理過去的創傷，釋放負面能量，便能掀開 4D 的罩蓬，打開通往較高次元的入口。

博納：

原來「光的課程」的靜坐次第是這樣的含義。在行星級次中，尤其是從系列三，「行星四」開始，在光的金字塔中運作時，上師們一再強調，這些運作的目的是要平衡我們兩極的能量磁場，原來這些次第是精心設計的，他們真的是用心良苦啊！

蒂娜：

2D 在鐵核心水晶與地殼之中。管理這一次元的是一些自然界的物質元素，如放射性物質、礦物質、菌類等，便是維持這一次元的智能。3D 也有這些元素，只是密度沒有 2D 那麼高。因此，我們很容易瞭解 2D 的性質，並與它們共振。同時，2D 與 3D 的生命，也映照著在這垂直軸中所有較高次元的智慧。因此說我們是「依神的形象」所創造的。

博納：

在這之前，我一直不相信「我們是依神的形象所創造的」這一說法，原來是我不懂它的寓意，而是照字義去理解之故。新時代所

說的：「神無形無相」；「神在萬事萬物中」；「神是一股巨大的宇宙勢能」，是我比較能接受的說法。

蒂娜：

2D 這個區域被稱之為地質層（telluric realm），是鐵核心水晶的週邊，它的覆蓋物。所有在地殼內層的物質元素，如岩石圈、礦物質、菌類等物質，因為包含著由鐵核心水晶所散發的頻率，所以在它的次元中，形成一股巨大的內在勢能。經由軸心的轉動，這些勢能上升到地球表面，形成一個大氣層，影響著 3D 的一切事物。

博納：

昴宿星團（Pleiadians）的存在們（簡稱 Ps）說，我們的血液出自 2D 的鐵核心水晶，使我們的生命力與意識得以在多次元中活動。

蒂娜：

是的，這 2D 的勢能精巧地對應我們這銀河系中所有的較高次元。當我們「感受」一些什麼時，是因為我們感應到各次元間的勢能磁場，以及它們的資訊。

博納：

Ps 說，2D 將無機物轉化成為有機體，並為所有生命編碼。不知這是一種什麼樣的運作？

蒂娜：

2D 的物質形成素可在 2D 與 3D 中進展成為形體。2D 的礦物、金屬、岩漿、細菌都是生命之源， Ps 堅持地球表面的有機生物體起始於 2D。

博納：

　　那麼 2D 又是如何影響著 3D 呢？

蒂娜：

　　由於巨大的壓縮，2D 的地質層散發著非比尋常的巨大力量，這股力量巨大到足以改變地球表面。它的地、水、火、風等種種元素仍然影響著我們的四個體系-即身體、情緒體、理性思想體與靈魂體的意識。

博納：

　　那麼 2D 與較高次元之間，又是什麼樣的關係呢？

蒂娜：

　　2D 稠密的球形幾何體，汲取較高次元的磁力，在它熾熱的熔爐中冶煉之後再散發出來，這又豐富了較高次元。

博納：

　　這麼說來，2D 比我們所想像更為豐富、古老與平衡，它具有我們無法想像的巨大力量與智慧。

蒂娜：

　　2D 不是一個死寂可以隨意剝削的世界。任意剝削，濫用 2D 的物質，將使地質層產生振動、爆發與崩坍，在 3D 上造成種種災難。

博納：

　　這種現象的發生，已越來越頻繁了，但大部份的人還不覺醒，怎麼辦？

蒂娜：

我們只能盡力傳播一些保護地球以及人類心靈的理念。當人類任意挖掘 2D 的物質時，自然會有一股巨大的力量從較高次元往較低次元注入，導致 2D 的元素向 3D 的爆發。目前，地球上 3D 的生物已受到強烈能量所波及，譬如：各種細菌、病毒不斷地出現，顯示 2D 正在重組它的元素。

博納：

Ps 告訴我們，2D 是我們的生命之源，與它和諧共生將治癒我們，並使 3D 的生命更具生命活力。

蒂娜：

我們必須如此，因為 2D 的生命體就像 3D 的生命體一樣，是纖細複雜的。因此，當人類對它予取予求，到了它無法承受的程度時，它便以火山爆發、地震，在地球上製造混亂、無序……來表達它自己。當太多人運用地球資源致富時，2D 便開始崩潰或爆發，土地開始流動或流失，瘟疫或疾病橫行。人類本身的精神也進入不安的狀態，它導致人與人之間、國與國之間的衝突與戰爭。

博納：

由於石油的需求導致政界人士的瘋狂，中東的烽火連年，似乎就是一個明顯的例子。

蒂娜：

違反宇宙法則也會使 2D 產生反彈。中世紀文藝復興時期的瘟疫，便是宗教迫害的產物。2D 總是會以它的力量來戰勝人類。

博納：

這樣說來，瘟疫等疾病是來自 2D，而非來自上面的「天譴」。

蒂娜：

這是銀河星系中，所有次元之間相互影響而產生的。當某一個次元的基本元素被降低時，整個垂直軸中所有次元的基本元素也會因受到波及而降低，因此不能說它出自那一個特定的次元。

博納：

所以蝴蝶效應不僅是發生在地球上，它也一樣地發生在宇宙中。

蒂娜：

由於所有次元都在這垂直軸中相互依存，宇宙次元中所有的生命智慧體都在共振的連接中，相互依存共生。

博納：

人類的進展已意識到什麼是全球效應，現在只要將它再推論一下就可以理解這種宇宙效應了。這麼說來，如果繼續往下推論的話……，當我們感到身體某些地方不舒服或有病痛時，是否就先看看有沒有細菌從 2D 進入我們的身體，或者自己有些什麼需要清理的情緒或思想的念相。

蒂娜：

舉一反三，真聰明，原理上是這樣沒錯！Ps 說，如果我們偵測到病毒，就想像自己是一個大飯店與這些來訪者溝通。Ps 建議，儘量避免用抗生素來轟炸他們。然而，要堅持的一點是，儘管他們可以做短暫的停留，但不可以在我們的身體中繁衍，使我們身體的

某些部份發炎，也不可以長期賴著不走。但是，他們也說，如果碰到頑強耍賴的份子，還是得用抗生素對治。

博納：

事實上，運用「光的課程」所教導的，以紫水晶之光為工具，來轉化使我們發炎的病菌，也是很有效。

蒂娜：

是的，Toni 曾在工作坊中，教我們觀想紫水晶之光像 backman 那吃細菌的蟲子般地把炎菌吃掉。

博納：

談到中世紀，那時候的人好像很時興煉金術；談到地、水、火、風等種種元素影響著我們的體系，使我想到有人用風水、搬運等術術來致富。這些東西真有其作用嗎？

蒂娜：

煉金術是一種理解共振原理的藝術，懂得用它的人，可以提升或降低頻率來創造物質顯像。風水則是與蓋亞的力量一起運作，以便與地球頻率和諧共振的一種藝術。

博納：

有些熟練掌握煉金術與風水的人，便運用它來滿足自己的貪婪。

蒂娜：

具有與 2D 共振的能力確實可以使人富強，為所欲為。這種時候，就是對個人精神與靈性的考驗。因為它確實是令人難以抗拒的。雖然，Ps 對這些行為不予置評，他們只是說，一個人不應為

了致富而運用煉金術，剽取地球的資源。但是我們知道，不正確地使用能量所造成的不平衡，最終還是要回到自己身上，必須由自己去平衡，這是宇宙的因果法則。

博納：

這麼說，煉金術與風水原本是用來保持健康、快樂、和諧與豐足的藝術。

蒂娜：

是的，煉金術是一種成為多次元意識的工具，正確地使用煉金術，可以使人類與所有物質元素獲得自由。所以克里昂的第三本書就叫做《人類心靈的煉金術》。當我們的心靈冶煉到與整個銀河系和諧共振時，我們的生命自然而然地一切圓滿俱足，根本不需要去用任何會在自己身上製造負面因果的「術」。

博納：

所以「光的課程」便一個級次、一個級次地，經年累月地在冶煉我們的心智、我們的心靈，所以也是一種煉金術囉？

蒂娜：

這種比喻很有趣，表示你對「光的課程」還真有點心得。那麼你如何比喻今天所談論的心得呢？

博納：

我的理解是，我們人類好像大樹一樣，以我們腳底下的脈輪根植於 2D。我們的軀體像樹幹一樣在 3D，我們的思想意識像枝葉一樣，吸收來自 4D 以上的投射與能量。

蒂娜：

　　這比喻太棒了，我們確實是像樹木般地，以腳底的脈輪從 2D 汲取生命所需的元素，作為在 3D 茁壯成長的養份，我們的腦意識像它的枝葉一樣，在光的照射下茂盛地展開，我們的頂輪與較高次元相互輝映，將較高次元的巨大力量帶入地球。這真的就是人類存在於 3D 的形式。

再談宇宙次元——第三次元

博納：

第三次元就是我們身體及前五識的焦點所在之處。但是誰在控制這一層面呢？

蒂娜：

每一次元都有那一次元的管理者，一種維持那一層面之架構的智慧，人類是第三次元的管理者。

博納：

我們人類實在不是好的管理者，為什麼我們把地球弄得亂七八糟呢？

蒂娜：

因為人類在宇宙中是極為特殊的存在，我們身體的運作能量是由 1D 的鐵核心水晶，以及 2D 的地球物質所激發的，但我們同時也受到 4D 群體思想所影響，而我們的心靈探索著與較高次元融合，以實現生命的完整。這種多元性，使我們在進展過程中，因疑惑製造了許多混亂，但這也是學習過程的一部份。

博納：

那麼我們現在處在一個什麼樣的過程呢？

蒂娜：

3D 是一個有形體（1D-3D）與無形體（4D-9D）交錯並行的地帶。我們生命中的許多戲劇皆是我們的感覺所編導出來，然而，感

受也是我們通往明心見性的通道。這也是為什麼我們要能覺知到自己的情緒與感受。

博納：

我知道當一些情緒、感受沒有妥善處理時，它們會使我們在生命的某些階段中，進入混淆的狀態，使我們陷入在更多的混亂。

蒂娜：

這就為什麼「光的課程」讓我們依次從身體、情緒／感受體、理性思想體開始運作。情緒、感受、思想的調整是目前我們在 3D 的當務之急。

博納：

大部份的人的焦點仍在滿足身體的需求上。

蒂娜：

身體的重要性當然是不可否認的。事實上，身體與情緒／感受以及思想是一體的，譬如有些人叫背痛，但你會發現是他們把自己孤立在他們的痛苦中的。一段時間之後，這些情緒障礙便會使身體與心智產生紊亂。

博納：

所以，身體有問題時，除了治療身體之外，也需要認真地處理自己的感覺，否則讓它在壓抑中固化，將會導致身體開始鈣化、僵化。只靠打針、吃藥是治標不治本的。然而，情緒體恰恰就是最難以覺知、面對與處理的部份。

蒂娜：

生活在三度空間的我們，隨時都受到不同的人，不同的勢能所影響，這些影響有時是如此地巧妙，使我們在不自覺中迷失或受到傷害。而我們往往以否定（denial）這些情緒，以避開這些感覺來保護自己，事實上，這樣做只是適得其反。

博納：

那我們要怎麼辦呢？

蒂娜：

光的運作將幫助我們看到，並理解到自己思想、理念與情緒上的問題，並讓光的能量進一步轉化我們的情緒障礙。預防勝於治療，如果平時就懂得運用光的能量，我們便能有健康的身心。因為光的運作將培養我們不受世間外物干擾的定力，有了定力便能啟動較高智慧的力量，這時侵略性的勢能，自然無法附著在我們身上。

博納：

是的，在疾病尚未在身體上形成，便能清理自己的情緒問題，將是最好的預防與保健。但是，如果它已在身體上形成問題時，又該如何呢？

蒂娜：

尋求適當的醫療之外，還是要透過處理我們的感覺、心智與身體來治癒。因為我們已知道身體的疾病，是因情緒、思想與心靈上的障礙而產生的，我們可以從任何層面去打開情緒障礙。然而，身體是最直接的通道。我們身上的疼痛、僵硬、疾病不會真正地消失，

除非我們注意到我們的感覺。任何形式的身體工作 body work，都有可能幫助我們直接進入一個問題的癥結，我們的身體會顯示解決的方式。

博納：

這需要下點工夫去體會與實踐，可惜大部分的人認為只要找醫生，便可解決一切問題。

蒂娜：

如果你接受這些疼痛，並傾聽它的訊息，這些問題往往可以經由內在的清理、良好的飲食及正常的運動獲得解決。對抗療法的藥物，應該只在手術後或醫生診斷下，認為必要時才使用。因為忽略你身體的訊號會將問題深鎖在你的身體中，那些負面的感受則會因藥物的控制，而退到更深的層面。最後，你就真的病倒了，因為你沒有真正去處理根本的原因。

博納：

如果疾病是遺傳性的，還是與情緒有關嗎？

蒂娜：

遺傳往往是因為一個人選擇清理一些自己前世未解決的問題，而這些問題也正是父母或祖父母也有，卻沒有學到的事物，在物以類聚的因緣下，使他們成為一家人。如果你陷入在家庭矛盾中而又未能識別它，並清理它，它就繼續深鎖在你的身體中，最終你所呈現的，就是一般所謂的遺傳性疾病。

博納：

　　意思是說，如果我們能改變自己以及家庭的負面情緒或思想模式，就可以轉化一些所謂的遺傳性的體質或疾病。問題是對一般人來說，無法從身體的疾病去理解自己問題的癥結在那裏。

蒂娜：

　　在我們的課外讀物《如蓮的喜悅》一書中，有一篇闡述了身體的症狀與問題的癥結及治療它們應有的正確認識。作者露易絲.惠以多年的研究，將上百種的病症與某些特有的思想形態之間的關係，有序化地整理出來，許多人覺得這些資料幫助他們理解自己的思想情緒。看著自己的身體是如何地將思想、情緒、感受呈現出來是很有趣的。當我們心靈意識提升時，我們身體的磁場也會隨之擴展，這將使我們學會如何在 3D 生活得更好。如何悠然地倘佯於第三次元的時空中。

博納：

　　談到時空，時間與空間究竟是什麼？

蒂娜：

　　在宇宙中，時間並不真實存在。然而，在第三次元中，時間是一種用來完成事物的方式。也就是說，時間只是在第三次元中的一種對過去、現在、未來的標示。當我們有意地運用時間，而不是日復一日地，浮木般地隨波逐流，漫無目標地飄浮流動的話，「過去」的經驗就可以成為資料庫，儲存著對「現在」有用的資料，而「現在」又是我們賴以雕塑「未來」的特殊時刻。時空兩個字所指的「空

間」，指的是各個次元的思想意識層面。而我們特定的三度空間，是一個充滿著銀河星系所有次元的能量磁場。

博納：

所以經由修持，我們的心靈確實可以超越第三次元的時間與空間。

蒂娜：

我們每一個人頻率的振動，便是整個生命的記錄，這些記錄涵蓋著我們的祖先與前世的感覺。由於置身在這群體意識中，我們每一個人都陷入在時間中。

博納：

這麼說，我們所處的 3D 確實是豐富多彩的，但也極易產生障礙。當障礙發生時，許多人便失去在多元性時空中的自然流動性以及同步性。

蒂娜：

任何事都是一體兩面，就看一個人把焦點放在那一面。瑜伽、舞蹈、太極、靜心冥想、健行、彈奏樂器都可以使我們的身體擴展至 6D，進入自己的原型，也就是投生前的模式。

博納：

經由反復的探索，我的理解是：1D 是這中軸唯一真正實心的固體物，這是最初始的將電磁波頻傳送到 2D 的媒介。這些電磁波經由 3D 的地殼，觸發大氣層的電波。我們可以把 1D 想像成一個

起始點，是地球物質顯像的起始點。1D 的這個起始點一直向上延伸至 9D，然後就是銀河黑洞。黑洞到底是怎麼一回事？

蒂娜：

　　依據昴宿星團的存在們所描述的黑洞，是一個巨大星球殞落時，縮小成一個密度極高的奇點（singularity）。

博納：

　　什麼是奇點？

蒂娜：

　　奇點：時空中的一點，在該點重力使物質的密度無窮大、體積無窮小，空間和時間被極度的扭曲。昴宿星團的存在們一開始便告訴我們，在我們進展的這一階段中，只能理解到第九次元，因此他們未告訴我們更多有關黑洞之事。

博納：

　　是的，還是讓我們回到我們這個小宇宙中的九個次元吧。下次我們就要進入第四次元的探討囉。

再談宇宙次元——第四次元

博納：

　　大家對第四次元的說法，可謂是眾說紛紜，許多人認為，除了地球上有生命存在之外，其他的一切都是子虛烏有，因此根本不相信宇宙中還有其他的次元與空間。

蒂娜：

　　每個人都可以擁有自己的信念，我認為 4D 以上的次元其思想頻率雖然不是我們以觸覺就可以觸摸到的固體，但它是我們心靈可以感覺到的層面。

博納：

　　那麼它是一個怎樣的次元呢？

蒂娜：

　　第四次元，是宇宙各種意識層面的活動區域，由於它與第三次元交錯並行，人類所有的思想、意識，都儲存在第四次元這特定的意識層面上，它也是我們情感的視窗。

博納：

　　它像個國際都會，雖然有趣，但太吵雜了，我們能夠避開第四次元，直接進入第五次元的意識層面嗎？

蒂娜：

我們需要經由第四次元去瞭解更高次元。也是就是說，只有當我們超越了第四次元二元性的幻象時，我們的心靈意識才能真正理解較高次元，並在各個次元中來去自如。

博納：

如何超越第四次元呢？

蒂娜：

佛陀所說的八萬四千法門，都在教我們超越三度空間、四度空間的幻象，進入神佛的意識層面。耶穌基督所教導的，也是為了這一目標。現在，我們被賦予「光的課程」這經過更新、現代化的法門，也是在教我們如何超越三度空間與四度空間的幻境，進入合一。但就像古人說的那樣：求道者多如過江之鯽，成道者少如鳳毛麟角。

博納：

為什麼會這樣呢？

蒂娜：

由於 3D 與 4D 是交迭的，許多人在修行的過程中，其意識往往漫遊在 4D 的各種幻象中。經過修持，有些人進入某些較為美好的一個境界，或一個意識層面，但它們通常只不過是由心境交感所呈現的一時現象，不知其中道理的人，便自以為成道，產生傲慢自滿，最終又落入 3D 與 4D 的業網中。

博納：

如果說，4D 儲存著所有人類的群體意識，我想必然也包括情緒／感受在內，那麼我們時而會有一些強烈的情緒，它的感覺與力量之強烈，有時會像一股巨大的潮浪般，幾乎淹沒我們，也就不足為奇了。

蒂娜：

是的，因此即使對一個正常的人來說，也會有情緒低落的時候。這種時候，只要認知到它只是一種負面能量，一種群體意識對應自己內在某些有待清理的情緒／感受，運用光的能量去運作，便能清除它在我們身心上所產生的影響。因為在 3D 的我們，有絕對的自主權來取捨。

博納：

說起來容易，做起來可不是那麼容易。我知道你會說，這就是要靠平時培養的覺知力與功力了。

蒂娜：

工夫是要靠自己去培養，這是誰都知道的。話說 4D 是一個通道，當一個人向較高意識覺醒，解決了二元性的種種影像，以及情緒感受時，4D 便成為通往 5D 至 9D 的入口。

博納：

也就是說，我們必須先清理第四次元，感情世界中的許多垃圾影像，我們的意識才能進入較高次元，並與較高次元共同運作。難怪你一直強調，走在光的途徑上，要進入行星級次之前，確實地走

過初級課程，尤其是乙太星光體的級次是很重要的一環。只是我覺得雖然我已很認真地走過乙太星光體的級次，但我還是一樣地，常常陷入在各種幻象中。

蒂娜：

第三次元是一個以物質顯像的形式，來表達宇宙中眾多世界的層面，致使在三度空間的我們，隨時會受到分裂的、二元性的幻象所困擾。因此，除非你保持敏銳的覺知與極高的悟性，否則要去除二元性的幻象，不是走過一兩遍初級課程，或乙太星光體的級次便可以解決的。如果這樣便可以解決，上師們就不會再傳遞一整套的《行星課程》給我們了。《行星課程》將以更大的行星能量繼續清理我們所有的層面，包括乙太星光體的層面。

博納：

所以，初級課程的乙太星光體的級次是為了讓我們對這一層面，這一體系有一個初步的認知，理解它的屬性，以及如何清理與淨化。最終還是要靠我們自己從中繼續下工夫，工夫到了，自然就能破除一切幻象。只是我不能理解，五度空間以上的次元，並沒有所謂的二元性，那麼何以這種二元性的現象偏偏就出現在三度空間呢？

蒂娜：

聽起來你好像對置身於三度空間感到有點委曲。事實上，許多較高次元的存在們，還很羨慕我們處在這麼一個多元性的，五光十色的舞臺上呢。至於你這個問題，就要借用一點量子力學的科學知識，以及宇宙哲學論了。你真的要深入探索嗎？

博納：

　　科學是我最弱的一環，但讓我們試試看吧。

蒂娜：

　　我對科學也不精通，但我所理解的是：經由量子力學（Quantum mechanics），人類發現到銀河系中的光，以粒子或頻率之波活動著，這種活動使物質產生二元化。因為我們受著 4D 磁場的影響，使得我們看事物時，不是對即是錯，不是黑即是白，不是善即是惡。我們大部份的人，都是以分裂的信念來看一切事物，因而失去了自身完整的意識。

博納：

　　這是由於我們在 3D 的頭腦所接收的，是第四次元那被次量子分裂後所形成的思想頻率之故嗎？

蒂娜：

　　我想在第四次元中，光粒子或頻率波因電磁現象而產生二元性。因此，一旦我們理解三度空間的物質現象，是也是由光粒子，以及光的頻率之波所形成的，我們便可以瞭解我們的頭腦是如何銜接著各種頻率，以及如何產生二元性的思想。

博納：

　　這些不為一般人所知的知識，我一時難以吸收與理解，但我感到一股能量正在突破我僵化的腦意識，好像頭部正在進行一種爆破性的運作，有點頭暈。

蒂娜：

　　我們需要停止嗎？

博納：

　　不需要，習修「光的課程」時，只要遇到我舊有思想與情緒遇到挑戰，並且要產生突破時，便會有這種感覺。

蒂娜：

　　這是能量運作時的正常現象。讓我們轉換個輕鬆一點的話題來談。看看 P.268 這張圖，它顯示我們如何接收來自各次元的能量與資訊。在三度空間的我們，生活在平面的線性的時間與空間；它以等邊三角形來代表第二次元，向下的三角形的尖端代表在地心的鐵核心晶體的第一次元。平躺在桌上的人代表在第三次元中的人類，在人上面的罩蓬，代表第四次元的原型，充滿著群眾二元性的思想意識，以及各種情緒感受。

博納：

　　因此，雖然較高次元的光的能量與意識不斷地傳遞下來，我們還是很難以接收到它。

蒂娜：

　　這罩蓬儘管稠密，但它不是密不透氣的物質體，它像是一張有許多空隙的網，一旦我們能超越那些由群眾意識所產生的種種幻象，5D 以上的較高智慧，便能進入我們的存在中。我們的思想意識也就能經由與較高智慧的共同運作，而進入較高次元。

博納：

　　我感到很絕望，因為 4D 的種種幻象，好像把網上的空隙都填滿了，每一個空隙都有一個 drama，一個故事。

蒂娜：

　　科學家從次元子的研究中發現，人腦所放射的頻率是一種電磁波，而 4D 的群體意識也是一個巨大的頻率視屏；因此，人類的腦可以像收音機或電視機一樣，隨我們的意願，轉到我們所要吸收的電臺，接收並解讀我們所要的資訊。也正因如此，上師們才會提供這套「光的課程」給我們，他們告訴我們能量跟隨思想，當我們運用思想，引導光的能量時，較高次元的能量便能輕易地透過乙太層面，直接進入我們的身心意識。如果沒有經由我們思想意識的引導，較高次元的智慧，便難以進入我們之內。經由行星課程的運作，我們更是打開自己，接收較高次元的能量磁場，並讓自己成為一個把較高智慧帶入地球的載體。

博納：

　　人類的進展，已進入理解量子力學的時代，看來我們確實需要對光的頻率，它的作用、它的力量有所理解，才能順應地球在宇宙中的進展。

蒂娜：

　　量子力學的發展是令人敬畏的，它也是因人類的進展已到了理解它的程度，它才會被發展出來。牛頓時代的科學，順應那一時代人類的進展。它是建立在以 3D 為基礎的定律，它讓我們感到大自

然是一部機械，而事實上，3D 大自然界的運作是更接近 4D 的「可能性」（probability），而非「機械性」。量子力學解釋了我們自身以及大自然之謎。

博納：

理解頻率運作的本質可以使我們驅吉避凶，可惜大部份的人尚未能理解其中的奧妙。

蒂娜：

百年前人類所發展出來的，是一種可以預期，可以理解的科學，這使人類對自己的世界有信心，對自己的方向是清楚的。然而，隨著地球與人類的進展，科學的發展便進入量子力學的時代。

博納：

討論到這裏，我的認知是：牛頓定律所談的是 1D 至 3D 的定律。量子力學所談的是屬於 4D 範疇的定律，而 5D 至 9D 則是宇宙學的定律。

蒂娜：

我想目前這階段，我們可以這樣推論。量子力學是基於宇宙中的四個主要勢能，物理學將它定義為：電磁學，強原子，弱原子以及地心引力。

博納：

談到 3D 大自然的運作，是更接近 4D 的「可能性」（probability），而非「機械性」。所謂的「可能性」指的是什麼呢？

蒂娜：

「可能性」是指一件事情的發展傾向。4D 因為充滿著所有人類的思想意識，以及來自較高次元的智慧，因此，它是一個巨大的，充滿可能性的世界。

博納：

我還是不太理解所謂的「可能性」與我們之間的關係。

蒂娜：

第四次元中的許多事物，是依人類所投射之事物的不同與改變而不斷地改變。因此，我們只要改變我們的投射，便可改變在第三次元中的物質顯像。所以一切事物都可以從改變我們的思想去改變它的顯像，所以說大自然的運作是「可能性」，而非「機械性」。

博納：

所以，當我們越是理解「可能性」的運作本質，我們便越能清晰地思考，並採取正確的行為。現在我理解，為什麼有人說修「光的課程」可以改變我們的命運。

蒂娜：

任何途徑的修行，都可以將原本機械性的命運軌跡改成種種的「可能性」。許多「光的課程」的習修者，因在光中看到由自己的思想意識所產生的投射作用，而形成的命運的軌跡，從改變自己的思想意識與投射來改變生命的軌跡。

博納：

　　然而，除非我們知道自己要創造一個什麼樣的世界，否則我們將製造更多的混亂。

蒂娜：

　　這是人類目前所面臨的問題。不僅個人如此，有些科學家的心識，因駐足在宇宙中某些奇異之地，而創造了一些奇怪的事物。往往不但我們不能理解他們所創造的在 3D 會產生什麼樣的結果，他們自己也無法預知。許多殺傷性或污染地球的東西，都是無意中創造出來的。

博納：

　　昂宿星團告訴我們說，我們要不落入二元性的思想意識，才能進入兩極平衡的整體性中，我如何知道自己是在二元性的思想意識中呢？還是在兩極的平衡中呢？

蒂娜：

　　二元性是分裂、隔離，它製造暴力與毀滅。兩極性是相對的兩邊都在共振中，是相互連接的，它們連接不同的次元，互相學習，互相理解，並共同擴展可能性。

博納：

　　太抽象了，我需要更具體的說明。

蒂娜：

　　譬如，在一個社會中，我們無法避免群體的共業，但是如果你認定那些人是對的，那些人是錯誤的，你必然在二元性的憤

怒、批判與恐懼中。當你在兩極整體性時，你只是從中觀察戲劇的發展。

博納：

　　如果國家要發動戰爭，我不該跳出來表達自己反戰的立場嗎？

蒂娜：

　　我們要談的不是你在一個時代中的角色，而是你應以什麼樣的意識來應對。無論你參戰或反戰，你都落在與另一邊對立的立場上，這就是二元性。如果你能保持自身的安靜與平衡，你所煥發的頻率，便能使你的磁場創造新的可能性。

博納：

　　這麼說，任何情況下，認定自己是對的，別人是錯的，便是一個最明顯的二元性。這點目前我還無法達到，還有什麼能讓我比較容易做到的嗎？我還是一步一步來，先從我能做到的開始吧。

蒂娜：

　　當不擇手段地賺錢是你的目標時，你便是在二元性；當試圖理解你自己與別人的需求是你的目標時，你便在整體性。

博納：

　　喔！我有一線希望了，還有呢？

蒂娜：

　　當你熱切地捲入自己或別人所編導的戲劇時，你在二元性，當你對別人的無知帶著悲憫心時，你便是在整體性中。

博納：

喔！我又被澆了一盆冷水了。現在的我，一場又一場的愛情悲喜劇，好像就是我生命的全部，那我該怎麼辦？

蒂娜：

進入宇宙宏觀，擴展自己的電磁場。跳出肥皂劇，你便在整體性之中。

博納：

唉，要能跳出肥皂劇，我就進入 5D 了。看來 5D 是可望不可即的，但探索它的風貌總是可以吧！

蒂娜：

下次再談吧！

再談宇宙次元──第五次元

博納：

　　我對我們所談的第四次元的一切只有一點模糊的概念，但我相信等我們將九個次元探索完之後，再回頭看它，就能比較清楚了。目前我就是能理解多少，算多少了。

蒂娜：

　　第五次元沒有第四次元那麼神秘與複雜，它是你心靈的管理者。它座落在人類心輪處，與地球上一切具有生命的受造之物共振共鳴。

博納：

　　唉，這也夠我想破頭了。你是從「我們自身即是宇宙」，「我們與宇宙是一個整體」的宏觀的角度來談的。以我目前的程度，我無法想像它是什麼樣子，還是讓我們以人的思想、意識與邏輯所能理解的方式來討論吧！

蒂娜：

　　從第五次元開始直至第九次元，都是光的次元。人類將光的次元或光的境界，稱之為三摩地，一種與聖神融合、交流的境界或狀態。

博納：

　　根據昴宿星團的說法，第五次元的管理者即是昴宿星團，它們是座落在金牛星座的一個星系。那他們與我們怎麼連接呢？

蒂娜：

　　一些史學前家指出，昴宿星團在四萬年前，曾經是當時居民的祖先。根據昴宿星的資料，我的理解是：由昴宿星團所煥發的巨大螺旋星光，一直延伸到我們的太陽，而我們的太陽是昴宿星團中第八個大的星球。推動這螺旋星光旋轉的發電機，是昴宿六（Alcyone），它坐落在昴宿星團中央。

博納：

　　從現有的天文學資料中，好像沒看過這種說法。

蒂娜：

　　這是傳遞昴宿星團資料的人所敘述的，我們現在姑且把它當「神話」來談。幾千年來，人類便是透過神話故事來瞭解宇宙星辰以及天界的種種。早期的希臘人，甚至現代，曾有幾位太空人形容在昴宿星團與太陽之間，有一團幾何形旋轉的光，像具有螺旋形的珍珠線 Nautilus shell spiral（如附圖）。我們也談過，梵谷所畫的星空之夜，即顯示著銀河的旋轉之光。

博納：

　　如果真是這樣的一個系統，昴宿星團及太陽的能量磁場對地球有著巨大的影響，也就不足為奇了。

蒂娜：

前面說過，我們的太陽系因進入光子帶，轉化了地球的大氣層，使整個地球上的生物產生一種巨大的覺醒。隨著地球進入光子帶，昴宿星團進入我們的太陽系，旋轉的昴宿六彷彿是一個巨大的溝通體系，將昴宿六中最新的資料傳遞給我們。

博納：

量子力學也許就是受到啟發而被發現的。

蒂娜：

光粒子的頻率之波，挾帶著電磁頻譜（spectrum of electromagnetic），放射出伽馬射線（gamma rays）。從 1990 年開始，特別是 1998 年之後，這伽馬射線的射程已進入我們的太陽系，可能是因為光子帶之故，它的強烈度可以說是前所未有的。

博納：

2003 年初，天文學家發現一種罕見的天文現象，即一股強烈的伽馬射線來自一顆巨大的超新星。

蒂娜：

根據量子力學，光量子一對對地分裂著，分散到宇宙各處，然而，無論他們分散得有多遠，就像互聯網一樣，仍然可以互通。光量子有它的智慧及伽馬射線的高能量，必然會擴展我們的心智。伽馬射線是一種我們所能知道的最高能量，這射線使人類深入探索自己在這一銀河星系的九次元中的意義。

博納：

看來你是被伽馬射線射到了，否則你不會這麼瘋狂地一個勁兒去探索宇宙次元。

蒂娜：

也許是經過「光的課程」的系列 5，最後的級次－單子能量的洗禮，而打開的好奇心吧！走過一次單子能量的運作，並未使我如上師們所預期的，進入與整個宇宙合一的境界，我想我還得再持續地深入它。但這一路走來，十多年前剛開始進入「光的課程」時的那些千千萬萬個心結，說不完的生命悲歡離合的故事，在不知不覺中已煙消雲散。因此，現在對我來說，無論是八點檔的連續劇或再轟動的奧斯卡獎電影，都無法在我心中產生太多的漣漪、共振或共鳴。目前只覺得探索宇宙的奧秘更有意思些。

博納：

你剛才說資料顯示，「一些史前學家指出，昂宿星團在四萬年前，曾經是當時居民的祖先」。現在，在星系的運轉中，他們又再次進入我們的太陽系了，他們會再度到地球上來嗎？

蒂娜：

他們說，當 5D 的存在來到地球時，需要在特定的電磁場中我們才能看得到他們。他們到地球上來的目的是要教導我們理解「愛」。

博納：

在《邊緣外》一書中，在安迪達山中，大衛也是這麼告訴莎麗·麥克琳的。書中描述了一些昂宿星團如何出現，如何教導大衛與愛

有關的事物。我現在可以理解當時莎麗·麥克琳的感覺了。我現在沒有抓狂，真得感謝她在前面做開路先鋒，為我對這些資料的接收做了一些心理上的準備。

蒂娜：

　　愛，這心靈的智慧純然是一種頻率；然而，它養育萬物，是一種比我們心智更具力量的勢能，但這種勢能或頻率，不是你可以用學習知識的方式去獲得，只有當你的心是寧靜的，空掉那滿頭滿腦的邏輯與知識時，才能進入。

博納：

　　所以上師們為我們設計了「光的課程」這一靜心冥想的課程，讓我們有個「法門」去進入這頻率，或者說去打開這內在心靈的頻率。

蒂娜：

　　根據昴宿星團的描述，地球是昴宿六的實驗室，而昴宿六是地球的資料庫。我們所談的有關宇宙次元的資料，就是來自昴宿六這圖書室。

博納：

　　為什麼地球成為昴宿六的實驗室呢？

蒂娜：

　　嚴格來說，地球是昴宿六與宇宙其他次元的共同實驗室。目前由昴宿六在負責。整個銀河系以地球為實驗室，是因為地球是一個九個次元同時存在的星球，所以被挑選為銀河系的生物實驗室。

博納：

　　他們要做什麼樣的實驗呢？

蒂娜：

　　他們要在銀河系中培育一個新的神聖文明，他們期望將人類培育成「和諧的生物」（harmonic biology），成為這種生物的種子。

博納：

　　然後呢？他們要如何處置這些種子呢？

蒂娜：

　　昴宿星團說，在瑪雅曆結束時，即 2012 年十二月二十一號開始，成熟的種子將像蒲公英隨風散播它的花絮那樣被散播出去。只有能與九次元共振的生命，才會被帶到銀河系那新的神聖文明之處。

博納：

　　所以，我們千辛萬苦地經歷著地球的生命，是為了成為銀河新的神聖文明中的一份子做準備。這樣說來，我們所有的學習、磨練與考驗確實有它的意義。屆時你會像蒲公英的花絮那樣，被他們散播到那神聖文明之處嗎？

蒂娜：

　　我還早得很呢，我還在學習與探索中，我剛開始逐漸地明白一些道理。現在的我，不僅離超凡入聖還有一段相當大的距離，對一些第三次元與第四次元的幻象與疑惑也尚未全然了悟。但我祝願你屆時能被送過去。

博納：

　　新的神聖文明確實令人響往，希望屆時我能破除二元性的對立與批判。我現在最需要做的，就是克服那無時無刻對別人的批判。

蒂娜：

　　這也是我極需要做的。我想停止批判，是我們所有想要進入神聖文明的人，第一件要做的事了。話說，散佈這些種子到銀河系中，對地球來說，是一種狂喜的釋放（ecstatic release），就像濕婆在銀河中與地球共舞一般。

博納：

　　但他們如何知道那些人是成功或成熟的種子呢？

蒂娜：

　　每一個人的每一個基因，都顯示一個人是否展現了生命的莊嚴、神聖與榮耀；是否能與整個銀河系的九個次元共振。

博納：

　　這一切真的是神話故事。你好像在向我們說一個美好的故事。

蒂娜：

　　我們的細胞記憶可以經由說故事去喚醒。如果我們不去激發我們神經系統的電磁波，我們的記憶便會萎縮。我們將無法向第五次元以上的事物覺醒，因為人類的科學尚未發展到理解它的階段。或者說，先要有一部份人向第五次元覺醒，人類理解第五次元的科學才能發展出來。

博納：

　　「光的課程」是激發我們神經系統電磁波的主食，向宇宙次元探索的這些故事，是我們的飯後甜點。現在我覺得置身在地球這實驗室中，還是蠻幸福的。

再談宇宙次元——第六次元

博納：

　　我們已知道第六次元是天狼星團存在的次元，根據昴宿星團的說法，他們是 6D 的管理者。

蒂娜：

　　這星團距離我們的太陽系，大約是 8.7 光年。我們的太陽與天狼星像是一對雙胞胎星星，總是知道彼此的心靈意識。

博納：

　　有些資料形容第六次元為〔形態形成 morphogenesis 磁場〕，這是怎麼說的呢？

蒂娜：

　　所有在第三次元中，具有形體的生命，無論是動物、植物或人類，都是從第六次元的思想複製出來的。

博納：

　　聽起來太玄了！

蒂娜：

　　這其中的奧秘，可能是因為我們現在的程度還不能理解，因此，尚沒有資料顯示它的形成過程。他們只告

在 3D 中的牛，是由 6D「牛」的理念所複製出來的。

訴我們說：譬如第在三次元的牛，是先在 6D 有一隻牛的理念，才在
3D 複製許多牛出來。

博納：

　　這有點類似電力公司把電輸給我們，儘管我們不知道電力學，
我們還是可以用電力製造許多東西……這麼說來，天狼星團與我們
的關係事實上是很直接的。

蒂娜：

　　地球與天狼星團之間的關係，古老部族的巫師們都清楚這些
事，澳大利亞的土著，都還以舞蹈來表達這種關係。

博納：

　　好像古埃及人相信他們的祖先來自天狼星。他們說來自天狼星
團，貓一樣的神（feline gods），定期地來到地球建立他們的廟宇，
並建立新的文明。

蒂娜：

　　埃及的神聖科學與這一時代息息相關，許多人正重新去探索他
們的科學。

博納：

　　埃及人建立了一些非常先進的神聖建築，譬如大金字塔，斯芬
克斯（sphinx-人面獅身像）等建築物，以及古希臘人所建立的一些
衛星城市，即使是現代的技術也無法建造出來，令人不得不相信當
時必然有一些超乎人類智慧的某種智能在運作。

蒂娜：

　　根據一些古埃及神秘學者的研究，我們與天狼星團的關係是極其引人入勝的。這又是另一個專題，以後有機會再另行探討吧。

博納：

　　我想必然又是一些使我們可以藉以思索，並從中領悟與成長的有意思的神話故事了。就目前來說，現在的我們與 6D 之間又有著什麼樣的關係呢？

蒂娜：

　　據我從古埃及的資料中所得知的，天狼星團的存在們在最後一批離開之後，將不再以形體進入地球。然而，昴宿星團的資料顯示，天狼星團的存在們，喜歡將他們的智慧注入在第六次元的〔形態形成磁場〕中，這磁場一直與我們是連接的，他們透過這磁場，啟發我們去創造與 6D 原型共振的事物。

博納：

　　我想自古以來，一些至善、至美的藝術創作，神聖的文學、思想與哲理，必然是藝術家與文學家們在他們的心靈意識上，連接到第六次元那巨大的形態形成磁場而創造出來的。我要如何獲得這種連接呢？

蒂娜：

　　就像當我們進入內在純淨的心靈狀態中時，便能與昴宿星團連接一樣；當我們身心渾然一體，無論我們是在沉思、做瑜伽、跳一

場神聖的舞蹈、或專注在工作上時，天狼星團的存在們，便能透過我們所散發出的純淨頻率與我們連接。

博納：

意思是說，當我們的身心打開時，我們便自然地與這 6D 的磁場連接。

蒂娜：

是的，任何時候，我們都可以決定自己要與那一個意識層面連接。當然，也要看我們自身在什麼樣的意識層面，如果我們充滿著種種世俗的或負面的欲望，我們可能只能連接到較低的乙太層面，較低乙太層面的存在們喜歡煽動我們去把他們的欲望付諸行動。而天狼星團的存在們則喜歡鼓舞、啟發我們進行較高形式的創造。譬如建造神聖的建築物，讓我們透過建築物去體驗 6D 的原型。

博納：

是的，我也注意到，無論什麼時代都會有一些偉大的建築師，創造出反映著較高心靈意識的美麗建築。

蒂娜：

6D 同時也是人類靈性體或靈魂的家，這層面保有我們入門的記憶，以及每一個人最大潛能的記錄。

博納：

這麼說，我們可以從自身在什麼樣的思想與行為的狀態，來瞭解自己正在接收或連接那一個意識層面，如果我們在毀滅性的行為中，無論是對自己或對他人，我們便是連接到較低的乙太層面，如

果我們在建設性的思想行為中，我們便是連接到較高次元或較高的意識層面。

蒂娜：

這就是為什麼我們需要理解那多次元的自我，以及自己與各個次元之間的關係，才能隨時與較高次元保持連接，有了這種連接，便不會因受到較低次元的影響，而陷入在各種無法自拔的狀態中。

博納：

是的，雖然我對各次元的運作尚未能全盤瞭解。但是，自從上次討論了第四次元是如何地影響著在 3D 的我們，僅僅是這一點初淺的瞭解，已使得我比較能理解別人的處境，比較會注意到自己是否正以二元性的思想在批判別人了。

蒂娜：

這就是一個很大的突破了，當我們的批判減少時，我們的生命也會變得更圓融、更美好。最重要的是，如果我們的心靈沒有與較高次元那完美的原型連接，就會處於散漫中，並容易產生錯誤的思想與行為。就像大金字塔那些神聖建築物一樣，如果沒有光的幾何原型為架構，就會崩坍成一堆亂石。昴宿星團告訴我們說，如果沒有形成素的磁場在支撐我們，我們的形態就會隨時扭曲變化。

博納：

那不就像在黑洞的奇點那樣嗎？所以我們不能說，只要把自己在 3D 的事處理好就行，不需要去瞭解其他的次元。

蒂娜：

　　不瞭解其他次元，將無法瞭解自己在 3D 的思想行為，也無從知道如何在 3D 創造較高形式的生命品質。

博納：

　　我們確實是生活在一個與其他次元隔離的時代。這種隔離使我們的世界更容易受 4D 的影響，而產生巨大的分裂。這種隔離與分裂，又使我們無法在 3D 展開較高次元的智慧，我們真的是需要停止這種惡性循環。

蒂娜：

　　根據天文學家與生物學家的研究，宇宙是非常有序化的。光的頻率從銀河的各星球煥發出來，形成光河，散發著智慧。而在銀河中運轉著的所有星球，不僅有自己的軌道日以繼夜地循環著，還各司其職，和諧運作。這背後必然有一種異乎尋常的智慧在支撐著。否則它不可能這樣有序化地運行著。

博納：

　　可惜一般人尚未理解到向多次元的宇宙知識打開的重要性。事實上，要成為宇宙公民，瞭解這些知識，就像上公民課一樣，是基本的常識。一般人未能理解，可能是它太難以想像之故吧！

蒂娜：

　　昴宿星團告訴我們，如果感到很難理解，可以設想每一個次元是一個平面，無限地循環著、擴展著，從中軸無限向外延伸。宇宙學家相信宇宙是平的，而空間是曲線的。

許多人無法理解所有的次元，都是一個整體的理念，但是如果耐心地去瞭解九個次元之後，便會理解它的整體輪廓。

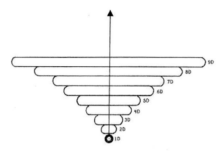

九個次元有如平面的原野，從中軸無限地向外擴展。

博納：

有點像「光的課程」那樣，剛開始時，覺得系統龐大，很難抓到重點，但即使是迷迷糊糊地走完系列一的初級課程，等進入行星課程之後，再回頭去看它，就很清楚這課程的架構、內涵與功用了。

蒂娜：

昂宿星團還談到〔拓撲學 Topology〕或〔紐結理論 knot theory〕。

博納：

這又是什麼？跟我們有什麼關係？

蒂娜：

拓撲學是一門科學，研究一種可以測量的，來自其他地方的生命形式。拓撲學專門尋找類似繩結的規則，它研究較高存在們進入三度空間的連結點。

博納：

嗯，有意思！感覺我們的宇宙中，好像有許多『結』交織著。

蒂娜：

所謂的『紐結』是一些中軸的交叉點。連結點是由繩索交織而成的，而那些形成紐結的『繩子』是一種能量，來自其他次元。

博納：

我想大概是來自 6D 囉？

蒂娜：

沒錯，這繩索來自 6D，在 5D 形成交叉點，在 4D 形成繩結，由粒子與電磁波，形成二元性，並在 3D 形成電磁場。而這繩索，就像我們人類用的繩結一樣，它可以鬆開也可以拉緊。

博納：

運用拓撲學的原理，便能想像繩結的頻率與電磁頻率是共振的。每個次元之間的相互連接有點像行星七，圖形與密碼#8，相互連鎖的三角形了。這麼說來，圖形與密碼確實是較高次元的語言，述說著宇宙哲理。

蒂娜：

拓撲學的原理已受到肯定，它不是操弄 DNA 或無性繁殖的研究，那些研究實際上是毀滅自然生態的行為。拓撲學學者花了很多時間研究紐結的長度、洞口、繩圈，以及它的曲線。如果你追蹤繩子的源頭，就可以看到 6D 的幾何原理，這提供了一個 6D 幾何形

體與在 3D 所複製的物質體之間的關係。而上師們則透過圖形與密碼，喚醒我們對這初始狀態的回憶。

博納：

柏拉圖的理念與形成素的理念非常接近，它以紐結理論來探討 3D 至 6D 之間的關係。有人說柏拉圖是一個看到其他次元的人，他所說的一切，在宇宙中確實存在著。

蒂娜：

所以至今仍有人在研究他的學說。但是，現在我們如果繼續研究幾何學與拓撲學之間的連接公式或柏拉圖的學說，可能會使其他編輯部的成員夢周公去了。我們回頭談一些昴宿星團所強調的，大家都知道的一種活動，做為結束吧。

博納：

但願是能使我們與 6D 連接的活動。

蒂娜：

當然是與我們所談的 6D 有關的啊！他們說，無論是古埃及或印度聖者，都認為瑜伽是啟動我們自身頻率必要的練習，因為瑜伽的律動，使我們與 6D 形成素磁場連接。譬如一顆橡樹子，當它在 3D 的條件適合時，便可以長成巨大的橡樹，是因為樹木固定在一個地方，因此它們保有最原始的形成素。人類很容易失去這種連接，因為我們不停地在活動著，因此我們需要這種練習。

博納：

瑜伽？那是女孩子為了健美而做的活動吧，我一個大男人混在一堆女人中練瑜伽，多難為情啊！

蒂娜：

印度的瑜伽行者都是男的，端看你以什麼樣的心態，深入到什麼程度。如果你感到自己懶散、無精打采，瑜伽可以把你從受 4D 或群體意識所影響的情緒中提升出來。他們說，如果你觀察貓，你會發現他們隨時都在瑜伽的姿態中。當他們睡覺時，他們似乎是在靜心冥想中。貓很接近天狼星的本質，這就是為什麼古埃及人很尊重貓。正確的瑜伽能使你與光的幾何連接，使你的身體獲得更新。

博納：

難怪有一位老師在上課時，有時會帶著我們做貓爬的活動，我確實無法像貓爬得那麼優雅。

蒂娜：

當你與 6D 連接並保持對靈魂的覺知時，你的身體便可以覺知到肉眼看不見的頻率。這使你得以區別問題出在身體上、情緒上、思想上或精神上。你也可以感受到別人思想與情緒的能量對你所產生的影響。

博納：

生活在 3D，這種覺知很重要，否則常因不知來龍去脈，被搞得一頭霧水。

蒂娜：

開啟或啟動你身體與靈魂體的脈輪，便是要打開你靈魂的覺知，使你能覺知一切事物，這種覺知往往挽救許多人的生命、工作、人際關係，甚至瀕臨破裂的婚姻。

博納：

我看過一幅瑜伽最經典的圖表（Yoga Asana），上面可以看到許多姿勢是模擬動物的姿態，以前只知道瑜伽是透過模擬動物的姿勢來訓練調整自己的身體。現在我想透過這些姿勢的練習，具有幫助我們與 6D 連結的意義吧！

蒂娜：

只是要提醒你，練瑜伽不可太過好強或勉強自己。有許多人由於求好心切，過於勉強自己的身體而傷了脊椎或筋骨。

博納：

好的，如果我想要練瑜伽的話，我會以放鬆自己的心態去練的。

再談宇宙次元——第七次元

博納：

很高興能進入對第七次元的探索。我大略地看過一些資料，感到我們可以從兩個切入點來探討第七次元。其一是：探討它的管理者仙女座（Andromeda）的本質；其二是：探討它的宇宙科學。讓我們先談談它的管理者--仙女座吧！我看過很多有關於昴宿星團及天狼星團的資料與訊息，但有關仙女座的資料就比較少。

蒂娜：

仙女座在另一個太陽系中，有它自己的太陽。但是，它對我們這整銀河系有著巨大的影響，尤其是對我們所處的這一太陽系。因為仙女座星系與我們的太陽系極其類似。

博納：

我們的肉眼可以看到它在銀河中優雅的螺旋形，只是不知道它如何影響著我們。

蒂娜：

在仙女座之內，有一個叫做 Aion 的星球，這星球在許多方面與地球極其相似，這顆星與他們的太陽之間的位置，與地球與我們的太陽之間的位置極其相似，氣候與環境都非常好，豐饒的生物，具有很高的繁殖力。然而，這兩個太陽系中的兩顆星球，有一個不同點，那就是地球在一萬一千五百年前經歷了一場大災難，而 Aion 的居民，沒有經歷過這種群體創傷。因此，他們那一星系的較高次

元，可以自由地發揮它們的功能，提高它的生物性。Aion 以極高的科技，運用宇宙聲音以及光的編碼來發展它的文明。

博納：

據我所知，我們的太陽系已在銀河中心被啟動，地球正在體驗著九個次元的啟動，這種啟動正在改變它的生物性。從我們的科技正神速發展，可以證明這一點。

蒂娜：

然而，要真正發展到像 Aion 那樣，地球人類的意識必需要有更進一步的提升。仙女座星系的存在與神之間沒有分裂。目前的地球，已不記得蓋亞的生物密碼。然而，仙女座因為是地球第七次元的管理者，因此仍然持有與地球有關的生物學知識。

博納：

既然他們在另一個太陽系中，他們如何與我們互動呢？

蒂娜：

仙女座將 Aion 圖書室的資料，運用聲波將和諧記錄傳遞到我們的銀河系，以提升我們的頻率。

博納：

但我們好像沒接收到他們所傳播的資訊嘛，地球上仍充滿著戰爭，人與人之間仍然可以為了權利或個人利益而惡鬥。

蒂娜：

地球人類因在大災難時期，受到嚴重的情緒創傷，心智被困在極低的層面，很難超越到 4D 以上。昴宿星團告訴我們說，為了治

癒地球的創傷與扭曲，仙女座在二千年前製作了一套稱之為『宇宙重新啟動按鈕』（Cosmic Restart Button），派遣基督前往地球，他是一位 9D 的彌賽亞（Messiah），彌賽亞的意思是神之頻率的歌頌者。他到地球上來是為了喚醒人類心靈中的愛，只有這樣才能使每一個人都能治癒因那大災難所產生的創傷。

博納：

我也看到資料顯示，只有愛才能改變並重組我們的 DNA，但這是一個先有雞或先有蛋的問題。就如剛才所提到的：我們的心智被困在極低的層面，很難以超越到 4D 以上，那我們又如何喚醒心靈中的愛呢？

蒂娜：

這就是為什麼我們要運用光的能量，透過「光的課程」系列一，初級課程的運作，我們先清理我們的較低體系，再透過「行星課程」的運作，經由光的網絡逐步深入我們內在的較高次元，與這些次元融合，我們 DNA 中的創傷與扭曲，便能獲得轉化。

博納：

他們也談到，當我們有足夠的人朝著這一目標，當我們達到轉化所需的臨界量時，我們的銀河系便能恢復和諧。只是大部份的人還在沉睡中，真是急死我了。

蒂娜：

　　昂宿星團還告訴我們說，由於基督將恩寵的種子播種在人類的心靈中，我們的心靈正在接收來自仙女座星系的新能量，這將使我們每一個人都得以進入一種新的層面。

博納：

　　這說明了清理淨化我們的較低體系，以便向較高次元的智慧打開的重要性。現在，我想知道的是，為什麼說第七次元是光的銀河高速公路呢？

蒂娜：

　　這又需要從宇宙科學的角度來闡述。第七次元是一個充滿著宇宙之音的區域，6D 便是由這宇宙之音的頻率共振而產生的。

博納：

　　宇宙之音又是如何產生的呢？

蒂娜：

　　它是宇宙中的各星球在軌道中運行時，由旋轉的頻率產生出來的。

博納：

　　是什麼在推動這些星球的運行呢？

蒂娜：

　　根據昂宿星團的說法，這些星球是受到神聖心識或神（Divine Mind or God）的能量所推動而運行的。這宇宙之音，隨著建構銀河系的光子帶而散佈到銀河系中。你或許可以從附圖中理解它是如何運行的。

宇宙之音與銀河中心互相連接，並在銀河系中旋轉。

博納：

　　看來它是隨著巨大的光子帶，從銀河中心向外旋轉，在銀河系中環繞之後回到銀河系的中軸，並旋轉著。

蒂娜：

　　由銀河中心所傳播出去的宇宙音波，將純淨的能量散發到 6D 光的幾何形體中，使 3D 產生各種可能性或同步性，讓人類可以感受到 8D 神聖心識（Divine Mind）的意願。如果我們遵循它的引導，我們的生命便可以在較高次元中飛舞。

博納：

　　我想許多在各個領域中，以充沛的活力發揮他們的創造力，展現特殊才華，在生活中體現物質與精神兩者兼具的人，應該就是向「多次元的內在自我」打開的人。不過剛才所談的宇宙之音，對我來說，還是很玄的東西。

蒂娜：

　　昴宿星團的資料顯示，7D 的聲音是銀河系的溝通體系。在 3D，我們可以從鳥聲以及候鳥的行蹤中找到瞭解這體系的線索。你有沒有想過，候鳥是如何遷移的呢？他們依宇宙能量線，來偵測方向。神聖心識在地心引力的磁場中移動著，鳥類可以聽到神聖心識在移動中所產生的音流。鳥類的頻率可以提高我們的創造力。當藍知更鳥飛行與唱歌時，他們將 3D 的能量調整到與環繞著地球的藍色光帶融合，這光帶是宇宙之音與地心引力之間的交接處。

博納：

　　所謂的宇宙能量線及環繞著地球的光帶，是不是上師們所說的環繞著地球的「光的網絡」呢？

蒂娜：

　　我想應該是吧，否則上師們不會在「光的課程」中設計行星課程，教導並帶領我們運用我們的心靈意識進入光的網絡，將光環繞著整個地球，使愛煥發到整個地球的生物圈，以提升整個地球的能量磁場。

博納：

　　7D 的宇宙之音與光的頻率之間有著什麼樣的關係呢？

蒂娜：

　　聲音是分子的頻率，無論是聲音、光、色彩及所有生命都由分子所構成。光的振動頻率高於聲音的振動頻率。白色之光是一種肉眼可見的光譜，從中再分成色彩。聲音分為人耳可聽見與不可聽

見；光分為肉眼可看見與不可見。頻率是宇宙萬物的基礎，不同的次元，有不同的振動頻率，我們無法聽見或看見較高次元，因為這種高頻率已不像 1D 至 3D 那樣，它們不是物質性的。

博納：

那麼聲音如何創造 6D 的幾何形體呢？

蒂娜：

物理學家針對這些現象展開了一個新的研究方向，一個含蓋超弦理論（superstring theory）的細弦理論（string theory），這些理論說明瞭九個次元如何地成為一個精準、系統化的運作體系。你是否想進入這種物理性的探討呢？

博納：

我沒聽過這理論，但讓我們談談吧，我願意增長一些見聞。

蒂娜：

我也是第一次接觸到這一理論，雖然這些理論不是動人心弦的靈性語言，但我覺得它擴展了我的腦意識，因此我願意努力去瞭解它。

博納：

哇！可以擴展腦意識？趕快告訴我吧！

蒂娜：

首先我要聲明，細弦理論至目前為止，只有科學家知道它的規則與公式。但一般人從共振、共鳴以及在與其共同運作中，也可以

體悟到神聖恩寵的存在。因此如果你沒有科學細胞，不一定要從科學的角度去鑽研。

博納：

我想在不久的將來，它將成為一般宇宙知識。現在有機會提前瞭解總是好的，以免以後變得孤陋寡聞。

蒂娜：

研究宇宙細弦的物理學家假設：「宇宙中有許多長長的，充滿著能量的細弦，在整個宇宙中伸展著。」細弦理論在 1995 年進入一個全新的發展，一個有史以來最具才華的物理學家愛德華威特（Edward Witten），在超弦理論中展開了第二次的進展，第一次是在 1984 至 1986 年期間。

博納：

它的基本原理是什麼？

蒂娜：

細弦理論的基本原理是：這些細弦，微細到只有空間，沒有實質，它的頻率振動來自物質單位的基本能量：量子，而非原子或粒子。就像小提琴的弦振動時，我們可以聽到特定的音符，細弦的振動模式使大量沒有具體形狀的物質與勢能產生變化。

博納：

那麼細弦的振動對我們產生什麼樣的影響呢？

蒂娜：

許多振動的細弦，正向各次元傳送資料與密碼，並同時創造有形體的物質。這些細弦是編織時空的細絲。每一次元都是由一種特定的引力與不同頻率所編織成的，因此出現了佛家所說的三千大千世界。我們知道三千只是古人形容眾多的意思，它不是一個死板的數字。許多物理學家探索著綜合極微與極大宇宙的原理，他們發現，綜合量子論與電磁原理，細弦理論是一種無可反駁的架構。

博納：

那麼科學家們有沒有研究出一個定律出來呢？

蒂娜：

細弦理論的計算程式非常複雜，目前為止很少人能理解。但許多人仍積極地在尋找它的定律。然而，即使是初步發展出來的細弦理論已足以打開人類理解 7D 之門，因為它解釋了宇宙極微與無窮大之間的運動原理。

博納：

問題是，科學家是少數的尖端份子，我們無法從物理學與科學去深入的人，怎麼辦？

蒂娜：

非科學家，在光的冥想中，一樣可以感應到這細弦理論所觸及的事物。當我們的心靈意識進入光的較高次元時，光的語言與智慧使我們一樣地可以感受到那超越二元性的宇宙意識。

博納：

剛才談到第七次元是一個充滿宇宙之音的區域，那麼它與地球上的各種聲音有關嗎？

蒂娜：

就像自古以來，一直都有通天文知地理的人一樣。人類很早就知道運用聲音來提升心靈，來治癒身體。英國考古學家保羅、德弗羅，最近在舊石器時代的洞穴中，以及在法國及英國的巨石中發現一些與聲學有關的設備。他們在四萬年前，舊石器時代的洞穴，以及在法國及西班牙的石洞中，發現樂器以及美麗的繪畫，那些畫顯示他們的畫家非常靈敏、聰慧。保羅.德弗羅發現，住在這些洞穴的人，可能已經有了運用宇宙聖音的技術。

博納：

他是如何推論的呢？

蒂娜：

洞穴中的記號顯示，他們運用鐘乳石與石筍做為聲管。一些音樂家發現，這些洞穴本身就是一個巨大的音樂廳，當時的人在會產生回聲或共鳴處做記號，大部份的畫都是畫在主要共鳴區的周圍。由此可以推論，上古時期的人便已瞭解到音樂與藝術的重要性。

博納：

這麼說，運用音樂養生與治療的理論不是憑空捏造的囉。

蒂娜：

在《如蓮的喜悅》中，我們收錄了一篇談論音樂的文章。篇名是「聲音的力量」，你可以看一看作為參考。無論是音樂或美術，都是表達思想意識的工具。許多藝術家與作曲家的靈感來自較高次元，他們所譜寫的曲子往往具有較高次元的能量與治癒力，無論中外都是如此。優美的聲音所產生的頻率，可以使我們獲得深沉的領悟、釋放與治癒。

博納：

看來舊石器時代與新石器時代的人，比現代的人更理解聲波的應用。現代人似乎失去運用聲音為治療工具的科學運用。

蒂娜：

我知道無論在音樂或藝術的領域中，有一些人正在回頭進行運用它來做為治療工具的研究。有一些藝術家，則只是將他們的創作提供出來，由每個人自己去理解它的功用。就像「光的課程」以及我們所整理的，貼在網站上的資料一樣，我們將它提供出來，但如何運用，則需要每個人以自己的悟性去體會、去感受。話說聲音由光而產生；懂得沐浴在大地歌頌宇宙星辰之聲波中的人，將能獲得治癒與平衡。事實上，調準好的音叉的聲音，可以使人體的器官恢復和諧的頻率，及時調整我們的身體。當然，音叉的頻率也可能打開古老的創傷，因此一般人會下意識地避開它。

博納：

那不是正是我們需要面對與治癒的嗎？

蒂娜：

　　是的，只是你忘了，不是每個人都做好真正去面對自己，去治癒自己的準備。

再談宇宙次元──第八次元

博納：

漫談宇宙次元時，我們談到 8D 的管理者是獵戶星座星系 Orion，也就是所謂的銀河聯邦政府，他們與 3D 是一種什麼樣的關係呢？

蒂娜：

8D 是一個與 3D 共同運作的至高智慧體系；是銀河系的聯邦政府，它組合光的通道，使較高存在們得以協助我們通往較高的意識層面。

博納：

根據昂宿星團的說法，獵戶座星系盤旋在赤道上方，在夜晚的星空中極其美麗。除了美麗之外，它對我們究竟有什麼樣的作用？

蒂娜：

第八次元是光的最高次元，即神聖心識（Divine Mind）。8D 的振動頻率比 7D 的聲波，及銀河光子帶的振動頻率更為快速，這就是為什麼它的亮度會使人的眼睛失明。因此，雖然它是創造之源，但創造時，首先需要降低這一次元的光的頻率，降低到人類的肉眼可以承受的光譜，來創造有形的顯象世界。

博納：

它是一個什麼樣的過程呢？

蒂娜：

由於第八次元是光的系統，它旋轉的動力便是創造神聖幾何的源頭。這動力經由光譜而降低，進入 7D 成為聲音，從 7D 再降低頻率時，便在 6D 形成光的神聖幾何。依次降低其頻率形成不同的次元、不同的形態。

博納：

這神聖幾何又有什麼作用呢？

蒂娜：

神聖幾何與地心引力形成一種勢能，這股勢能支撐著我們這銀河系垂直軸心上的所有次元。隨著細繩在不同次元所產生的不同的共振頻率，我們的直覺可以感受到神聖心識無所不在。

博納：

這神聖心識應該就是新時代人士所指的神（GOD），對新時代人士來說，神無形無相，是純淨的光，是一種至高的智慧。

蒂娜：

是的，我們所謂的神（GOD），不是東方或西方神話故事中所描述的，與人類一樣有著戲劇化生命的第四次元中的諸神。

博納：

那麼這至高的光的次元，是不是就是一般人所說的如如不動的境界？

蒂娜：

聖神之光如是存在，不介入人類的活動，不偏不倚地為所有次元的所有存在煥發光芒，從這角度而言，可以說是如如不動。但是，祂具有無以倫比的創造力，並隨時在創造。如我們前面所說的，這些光的頻率變成聲音，再形成神聖幾何，經由神聖幾何煥發思想，然後散發至物質顯像的世界，成為千變萬化的大千世界。

博納：

這樣說，8D 對 3D 物質世界的人類來說，不是一個遙不可及的次元。甚至可以說我們與 8D 之間的連接，就像我們與其他次元之間的連接一樣，沒有什麼不同了。

蒂娜：

是的，這涵蓋一切能量的 8D，使我們得以感受到聖神的愛，是一種源源不斷地支撐我們生命的能量之源。這聯邦政府管理銀河星系中的許多圖書室。

博納：

昂宿星團說，我們的太陽與昂宿六，都是保存資料的圖書室。

蒂娜：

他們還說，進入光的智能，是我們能與 8D 連接的唯一方式。沒有人可以完全理解這聖神智能，祂的光只能在靜默中以心靈去感受它。祂的存在，無法以任何語言來形容，只能體驗。

博納：

難怪光的冥想在「光的課程」中是如此重要的一部份。當我們與光的智慧連接，並共同創造時，我們便可以實現至高、至善、至美的創造。

蒂娜：

是的，共同創造是指：這創造之源的聯邦政府，與我們內在心識中的計畫與願望共同運作，並將它呈現在顯像世界中。

博納：

嗯，這種形式的運作，事實上也呈現在第三次元。在一個人民與政府有著正常關係的國家便是這樣的，所以執政者如果順著天道與人民一起創造，便呈現出豐足、和諧與圓滿的世界，當執政者逆天而行時，便呈現民不聊生的混亂現象。

蒂娜：

不僅是一個國家，即使是一個家庭，或一個人，都是同樣的道理。我覺得無論是國家、社會或家庭之所以會混亂，是因為人心先混亂之故。在物質世界中的我們，無論是情緒、思想或意識，都會折射回到它發出去的起點，也就是我們自身，並在我們的周圍形成顯像創造。因此，除非我們心所映照的是純淨的光的本質，我們便很容易製造虛妄與混淆。當我們的願望是純淨的，合乎真理時，它便帶著高頻率的光波與聖神之光共同創造。

博納：

　　現在我理解與光融合，是為了讓這高頻率的光的智慧，幫助我們看到自己錯誤的創造，以正確的創造來轉化並結束我們的因果。

蒂娜：

　　是的，那些與銀河聯邦政府一起運作，轉化地球生物性的人，正體驗著整個九次元在地球打開的經驗。那些不珍惜生命的人，正經歷著啟示錄中所描述的一切。

博納：

　　所以「光的課程」雖不談宗教，但行星四以啟示錄的寓意來促使我們瞭解自己的思想與行為，是如何在我們的身體上產生不同的作用。

蒂娜：

　　不僅如此，隨著行星四的課程以及對上師們所詮釋的啟示錄的理解，我們的身體也將隨著課程的進展，進入更深層面的清理與淨化。上師們以啟示錄的七個教會來隱喻人體的七個腺體，因此行星四這一級次，也將清理我們的腺體。

博納：

　　我第一次，甚至第二次習修行星四啟示錄的部份時，一直是懵懵懂懂，不是很清楚。但奇怪的是，當我第三次回頭習修行星四時，便感受到我的腺體確實走過一些清理的過程。

蒂娜：

那是因為雖然你頭腦的意識，因某種障礙而無法理解，但你的靈魂意識知道你的意願，因此你的整個存在還是會隨之進入淨化與整合的過程。

博納：

嗯，事實上，從初級的第一級次開始便是這樣的，儘管頭腦不是全然理解，但我的身體、心靈與外在生活還是有所轉化。我想無論那一個級次都是這樣的。

蒂娜：

昴宿星團說，每三個次元是一個小組，1D-3D 是一個小組，4D-6D 是一個小組，7D 至 9D 是一個小組，光的振動速度隨著每一次元依次加快。肉眼可見的光譜，是我們可以感知、探測與理解的範圍。譬如 2D 的頻率振動比 3D 的振動頻率低，我們便可以測量它。

博納：

這解釋了我們可以很容易地感受到比我們低的次元，但要感受較高的次元便比較困難。因此許多人便否定了較高次元的存在。

蒂娜：

事實上，仔細想想，4D 的二元性以及我們對這二元性的感受，是如此地直接，致使它能左右我們的生命，這表示我們雖然無法以肉眼去看這感受，但它的頻率是存在的。

博納：

人類被賦予向較高次元探索的天性，當我們生活在強烈的感覺中，並把感覺的焦點放在較高次元時，我們應可以確定較高次元是存在的。

蒂娜：

是的，無論我們是否可以感覺到它，是否承認它的存在，我們還是像是一台電視或收音機那樣，我們的心靈意識一直都在接收各次元所散發的意識與頻率。

博納：

我們真的是要隨時注意自己所接收與發送的種種思想與情緒。

蒂娜：

資料顯示，當能量向下移動，經由不同次元逐步遞減時，它便越來越形成稠密的物質，直到它進入鐵核心水晶。同時，當它經由銀河中心逐步向上移動時，那一次元的平面磁場的空間便擴展的越來越大。

博納：

那麼 8D 組織性的架構與 1D 地心引力的功用如何成為支撐中軸的動力呢？

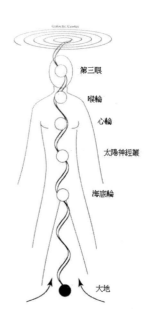

蒂娜：

　　當較高次元的光與地心引力互相影響時，分子的旋轉便緩慢下來，頻率的振動也降低下來，所以它可以在較低的三個次元（1D-3D）中形成色彩與有機生物體。而 5D-7D 的光的頻率，則維持著高速運作。我們已知道 6D 的振動頻率可以在 3D 形成有機生物體的生命形式，表示由 6D 的振動頻率與 3D 的頻率相互影響所形成的架構是由地心引力來保持的。也就是說，地心引力是一種使不同次元中的理念，形成不同物質的要素。地球、太陽系、各銀河星系，以及宇宙中的三千大千世界都出自這原理。

博納：

　　原來地心引力在銀河系中的功用，不僅僅只是讓我們可以安穩地居住在地球上而已。

蒂娜：

　　地心引力雖然是一種極微的光，在 3D 卻是最具引導性的勢能。由於 3D 的稠密，使分子的旋轉變得極其緩慢，可以想像它在較低次元中的巨大力量，以及它在較高層面中的巨大空間。地心引力是一種宏觀的能量，它是使宇宙聚合在一起的重要元素。

博納：

　　話說回來，既然 8D 是顯像創造（Manifestation）的源頭，我想進一步瞭解我們與造物主「共同創造」這一理念的真實含義。

蒂娜：

　　昴宿星團告訴我們說，只要投生在地球，便有創造個人所要之實相的權利。而光的能量純然是為了讓每一個存在得以體驗生命而煥發的。

博納：

　　但我如何與這聖神之光共同創造呢？

蒂娜：

　　由於我們被賦予自由意志、創造與選擇的權利。昴宿星團教我們一個創造理想人生的方法，他們說：找一個安靜的地方，寫下幾樣你想創造的事物。但是要知道的一點就是，運用這種高次元的顯像創造，去要求一些不是絕對需要的東西，是不恰當的。譬如你去要求一些用來滿足你虛榮心的豪華轎車、貂皮大衣、鑽石等。但如果你需要一部車及一件大衣去工作，那就去要求。但你不可以操縱別人，譬如你不可以要求某個特定的人去為你完成你所要的，或去成為你要他們所成為的人，因為他們也有他們自己的創造與選擇的權利。如果你這樣做，便是用你心靈的力量去影響別人，這種剝奪別人權益的行為是違反因果法則的，它不僅不會實現，反而會攪亂你。

博納：

　　嗯！清楚地知道自己真正要什麼是非常重要的，往往我們不擇手段地去追求某種東西或達到某種目的，但得到了或達到目地時，卻發現那不是我們真正要的。

蒂娜：

知道什麼是自己不要的，可以去除一些障礙你真正目標的垃圾。當你的心充斥著種種雜亂的欲望時，光無法穿透這些障礙。當你能確定你的要求是合理的時候，閉上眼睛，用你的第三眼去觀想這景象確實在你的生命中呈現出來。一旦它清晰地呈現在你的眼前時，把這影像轉到你頭骨後腦的部位，讓它像電視銀幕般地清晰地呈現出來。一旦你把幾個目標都觀想完之後，說一聲實現了。

博納：

顯像創造與巫術之間有什麼差別？

蒂娜：

巫術往往用來傷害別人，顯像創造則不傷害、操弄或控制別人。無論是基督教與佛教，都有不同的與較高次元共同創造的方式。顯像創造可以幫助我們超越負面的思想，轉向正面的結果。

博納：

聽說月亮反映著我們的感覺，對我們的心願有很大的影響。

蒂娜：

是的，月亮把我們的心願反射到太陽，而太陽是我們通往 8D 資料庫的通道。資料顯示，月光的強度與人類的感覺成正比。在新月的時候，我們是敏感的，這種感覺在滿月時被增強與放大，我們尤其受到月蝕的影響。

博納：

這麼說，太陽對我們來說不僅只是光合作用，它對我們的心願也有影響囉！

蒂娜：

當然，宇宙中的萬事萬物都是息息相關的。月亮的表層幾乎是沒有磁性，因此它的振動是非常輕的。由於太陽比月亮大了四百倍，而太陽與我們的距離，比起與月亮之間的距離有四百倍之遠，所以在我們的眼裏它們是一樣地大。太陽與月亮對我們的影響雖然有所不同，但影響力是相等的。太陽風（solar-wind）所產生共鳴的波頻可以用來偵測在太陽系中各行星的位置與角度。月亮從太陽風吸引電磁能量，用來解讀我們的感覺，並將太陽的資料注入其中。在我們的夢中，月亮轉化我們所儲存的潛在思想的記錄。

博納：

聽說人類與動物、植物都會像磁鐵般地汲取月亮的意識。

蒂娜：

月亮純然地只是向我們散發它所儲存的記憶，以調整我們對一切事物的反應。疾病來自負面的情緒與思想模式，由於我們的情緒體是由我們的記憶所形成的，月亮一邊儲存我們生生世世的記憶，一邊將治癒的資訊傳遞給我們。如果我們能打開這些陰暗的情緒感受，有意識地清理我們潛意識裏的記憶，清理創傷與障礙，也就是說清理我們的情緒感受，並接收治癒的資訊，我們便可以擁有一個健康的身心。

博納：

我們如何善用月亮的能量呢？

蒂娜：

月亮在我們的情緒體中扮演一個重要的角色，犯罪記錄顯示，在滿月時犯罪率明顯地增加。因此，有意識地與月亮、太陽一起運作，將增強我們的潛在力量。尤其是在冬至、夏至、春分、秋分之時，我們與光的互動與交流時，將具有更大的轉化力量。月有陰晴圓缺，每到新月，月亮便把新的思想、意識的種子傳送到地球，瞭解月運週期在我們身上所產生的作用，可以加速提升我們身體與情緒的健康。

博納：

剛才說有意識地與月亮、太陽一起運作，將增強我們的潛在力量。那麼讓我們談談太陽與我們之間的另一層關係吧！

蒂娜：

太陽引導我們的生命目標。太陽的活動週期——春分、夏至、秋分、冬至——是我們與光契合最好的曆法。在春分到夏至的三個月期間，是孕育所要創造之事物的時刻，屬於開展的時刻。夏至到秋分的三個月，是接收與實現的時刻。秋分到冬至，是完成我們所要創造之事物的時刻。冬至到春分的最後三個月，是深思這些創造的更大意義的時刻。

博納：

　　萬物周而復始，新的春分便是為新的一年孕育新事物的時刻了。

蒂娜：

　　如果你選擇在春分時期孕育構思，事情的變化可能會快到使你感到震驚，要小心地做選擇。因此，如果你的直覺告訴你不要去創造某些事物，你要小心聆聽。

博納：

　　現在，我終於明白了我們的心識是如何地在自己的周圍創造實相。只要我們能看到自己思想意識的劇本，便能清理自己的心識。問題在於我們往往不知道自己思想意識的劇本啊！

蒂娜：

　　持續地走在光的途徑上，你將逐漸能看到自己思想意識的劇本。

再談宇宙次元──第九次元銀河中心的黑洞

博納：

終於進入第九個次元的探索了！第九次元就是那神秘的黑洞，它是如何形成的？

蒂娜：

據我從眾多資料所得到的瞭解，它是由一顆碩大的星球所形成的。當一顆巨大星星的重力消失時，便會快速地殞落、瓦解，進入由彎曲的時間與空間所形成的漏斗般的煙窗中。

博納：

感覺上，黑洞是一個黑漆漆地空無一物，令人敬畏的世界。

蒂娜：

事實上，它充滿著宇宙中最稠密的物質，有著極其強烈的引力。根據昴宿星團的資料，黑洞是從地球鐵核心水晶開始的九個次元的時間之源。他們形容黑洞像是一個旋轉的，具有重力的核子，顯現在「時間波」之中；9D 的管理者是 Tzolk' in，他們是 1987 年至 2012 年的二十五年間人類進展的推動者。

博納：

真不可思議，沒想到黑洞也是推動我們進展的一個次元。然而，什麼是「時間波」？

蒂娜：

「時間波」（Time Waves），是一種由銀河中心所散發的創造性的方案，如瑪雅曆等，這些方案由 8D 的神聖心識所接收，經由 7D、6D、5D、4D 具體顯現在我們所處的第三次元中。

博納：

簡單地說，「時間波」是一種「改變系統的時間方案」。

蒂娜：

是的，從宇宙論的角度來說，「時間」Time 指的是某種特定事件，從過去到現在至未來，以不可逆轉的順序，所發生的非空間性的延續。「波」Wave 指的是大批量的連續運動。因此，9D 的計時（Time in 9D）是造物主為地球所規劃的程式與時間；3D 的計時（Time in 3D）是偵測過去、現在與未來的探測器。

博納：

所以「時間波」也可以說是：地球在特定活動階段所需要的時間。

蒂娜：

這些波頻是讓我們在地球上，創造映照光的本質的重要元素。這些思想波頻也具有一種不可思議的魔力，吸引著我們在物質世界中探索精神與靈性的世界。

博納：

現在我知道自己為什麼那麼情不自禁地探索宇宙中的一切事物了。

蒂娜：

　　恭喜你了，這表示你的進展，使你很自然地不再把心思花在世俗中許多瑣碎事物上了，否則你不會有探索宇宙事物的閒情逸致。

博納：

　　嗯，自從修完「光的課程」中的《天使級次》之後，雖然我的工作與生活沒有改變，但我的生活很自然地在一種有序中，不再那麼忙碌與混亂了，許多障礙我習修與探索的事物，在無形中消失了。

蒂娜：

　　這不純然是因為你修了《天使級次》，而是從系列一開始的整個過程中，你清理了許多負面的思想意識，你內在的心靈清淨了，外在的生活自然就會清淨。前面的過程是基礎，《天使級次》只是幫助你達到更深層面的清理與淨化，使你的心識不再執著於瑣碎的事物上。話說回來，這黑洞不停地吸收中軸上由第一次元，也就是地球鐵核心水晶所煥發的勢能。依據物理學家，宇宙中的每一事物都是一個向外發展的起點，第一次元也不例外。

博納：

　　如果說，在我們這特定的宇宙中，每一種現象都是以它自身為起始的中心點，那麼就個人來說，我們自己的心，就是創造的起始中心點。是佛家所謂的：「一切唯心，萬法唯識」吧！

蒂娜：

　　我們「心」所存在的這個點與每一事物皆有所連接，我們神經系統的設計，使我們得以感受在這中軸上的所有次元。

博納：

　　北美印第安人知道銀河中軸的存在，他們視這中軸為聖樹或生命樹。

蒂娜：

　　目前，一個極其奧秘的現象正在發生著，那充滿力量的黑洞，正在啟動我們的各個體系與心智。之所以會有這種現象，是因為銀河正將高頻率的能量，注入我們太陽系的中軸，為人類進入下一個進展階段做準備。

博納：

　　聽說正是因為這種高頻率的注入，使地球出現種種奇怪的現象。

蒂娜：

　　這是地球開始進入清理與淨化所需的過程。目前我們的太陽系與銀河形成交叉，這種短暫的重疊使大量高頻率的能量注入中軸，進入銀河中心。因此，我們需要融入這股正在改變我們世界的較高頻率與勢能。然而，只有少數的人知道這是怎麼一回事。

博納：

　　雖然我們一直聲嘶力竭地，以各種方式從各種角度吶喊著，期望大家能理解這點，很可惜大部份的人還是認為這一切資訊與他們的生活無關。

蒂娜：

　　我們只能盡心盡力，隨著推動我們內在的那股動力去做。地球確實處在一個非凡的時刻，只是對一般人來說，如果不是他們用眼

晴能看到，或用心智去理解的事物，便不存在。幸而科學界已開始朝著銀河的種種現象去發展。天文學家及天體物理學家們正加速對銀河的研究，航天部門的人員也在追尋宇宙的奧秘。

博納：

在我們的探索中，我的理解是，銀河就像一隻發光的水母，極其熱忱地散發永恆光芒，並在它的磁力磁場中跳動著。

蒂娜：

是的，銀河在神聖心識（Divine Mind）之意圖的基礎上進展著，並創造空間。銀河中心從它旋轉的中軸中，發射出 9D 的銀河同步光波（Synchronization Beam）。這同步光波與中軸上的各個次元以及光子帶，運用 8D 銀河聯邦的智慧系統，使推動地球進展的「時間波」具體實現出來。

博納：

銀河同步之光與 1987 年八月十六與十七日的和諧彙聚（Harmonic Convergence）日有關嗎？

蒂娜：

在和諧彙聚的那兩天，我們的銀河系（小宇宙）與大銀河系（大宇宙）都接收到同步光波。這是成千上百萬，所有知道瑪雅曆的人所盼望的一日。

博納：

怎麼說？

蒂娜：

　　這同步光波把光子帶進入太陽系，同時來自黑洞的高頻率被引導進入地球，使地球達到進入新次元的頻率。這同步光波也改變了昴宿星團的系統，為地球的生物進展設置了的新目標。然而，影響3D 最大的是改變系統的方案「時間波」。

博納：

　　我無法想像它是一個什麼樣的方案。

蒂娜：

　　人類正極力從各個角度，包括從科學的角度去探索與理解。然而，昴宿星團告訴我們，目前我們只需要瞭解生命的含義，以及轉化所帶來的力量，並融入這股勢能即可。

博納：

　　基於好奇與求知的欲望，我還是想多知道一些瑪雅曆與「時間波」之間的關係。

蒂娜：

　　瑪雅曆即是地球進展的進行曲。瑪雅曆為那些與整個九次元共同運作的存在們安排了特定的進程；瑪雅曆描述了地球及我們所處的銀河系，在特定期限中的進展細節。而時間製造現象，也就是說，時間是創造者，所有的現象皆在時間中，經由愛與思想意念而形成。

博納：

　　感覺為了地球人類的進展，好像我們的銀河系都為之勞師動眾，大費周章。

蒂娜：

　　人類原本擁有健康的身體、開放的心、聰明的心智與心靈，生命中沒有任何局限。但因大約 11,500 年前，地球上發生了一場災難，致使恐懼深植在人類的心識中。銀河的每一個次元，都聽到我們痛苦的呻吟，為此九次元的管理者 Tzolk' in，便製作了「時間波」這改變系統的方案，來教導我們如何清除恐懼。

博納：

　　難怪我們常常為一些小事心生恐懼，甚至常常好端端地，無來由地從心中生起一種莫名的恐懼，然後因為不知原因，便將它與生活中周圍的事物掛勾，變得神精緊張、疑神疑鬼地。

蒂娜：

　　要人類完全清除意識與潛意識裏的恐懼是一個艱鉅的過程，因為人類的表面意識，不知道有大災難那場恐怖經驗。況且，大災難之後，為了生存所產生的種種後遺症是如此深刻地烙印在我們的細胞記憶中，致使我們必須一步一步、一點一滴地清除。

博納：

　　我相信「光的課程」也是「時間波」這方案中的一部份，是許多途徑中的一個途徑。只是在目前這講求高速度，高效率的時代，很多人修了一兩個級次之後，就沒有耐心再持續下去了。

蒂娜：

　　入寶山而空歸，是蠻可惜的。要完全清除那些根植的恐懼與憤怒不是一件輕鬆容易的事。一般來說，剛開始時修這課程時，我們

的心靈意識是渙散的，致使我們無法凝定在光的運作中。往往是經過了初級課程的清理，習慣了光的能量，培養出凝定在光中的能力，進入「行星課程」之後，才會明顯地感受到它轉化我們的身心，以及我們生命中種種事物的效果。初級課程是入門的基礎，上師們一直到「行星課程」的第二級次，才為我們舉行入門慶典呢！

博納：

　　千禧年之後，時間波這改變系統的時間方案是不是也隨之進入一種新的方案？

蒂娜：

　　是的，寶瓶座時代之前的時間波，是為了訓練我們的生存能力而設置的權宜性的工具。但是，經過漫長的進展之後，我們必需超越那種：「為了生存，必須互相競爭與爭鬥」的思想意識，進入與我們這一銀河系中的所有存在和諧共處的階段。你不妨再重新看看《如蓮的喜悅》一書中的「新紀元能量與新紀元法則」，它細說了處在這新舊時代更迭中的人類，應以什麼樣的思想意識來渡過這特定的轉化期。

博納：

　　對我來說，要達到這種超越是極具挑戰性的，……

蒂娜：

　　一旦我們能清理內在深沉的創傷，走過那純然為生存而掙扎的階段，便會容易許多。處在這時代的我們比起銀河黑夜期的清理與淨化，已經容易許多了。因為巨大的能量之波正從黑洞經由中軸注入

第三次元。Tzolk' in 所製作的方案，便是所謂的歷史，新紀元時間波這方案的重點在於讓人類的頭腦（心智）在歷史（時間）的進展中，達到個人心智與宇宙智慧同步運作（brain synchronization）。

博納：

要我們的頭腦像數位相機那樣同步顯現？我們要如何達到這種同步性？

蒂娜：

要達到這一點，我們得讓我們的腦波與宇宙波同步運作（Brain synchronization）。

博納：

「光的課程」的設計似乎也有幫助我們達到讓我們腦波與宇宙之波同步運作這一層目的。

蒂娜：

我想是的，它訓練我們將較低的思想意識與較高的心智在融合中達到同步性。那具有璀璨文明的瑪雅星，因其才華橫溢，被選出來成為引導地球人類走過這學習過程的引導者。他們同意，在可以隨他們的意願自由進出 3D 的情況下，幫助人類，因為他們不願意被困在 3D 的時間波中。瑪雅曆已成為開發人類潛能的手冊。除了瑪雅星之外，昴宿星團、天狼星團，以及宇宙中的許多存在們，都選擇在必要的時候自由出入 3D，以幫助人類。事實上，人類只要打開自己的脈輪，也可以自由進出較高次元，只是很少人具有這樣的能力。不過也有許多人，可以運用自己的心智，進入其他次元收集資訊。

博納：

目前我尚未具備這樣的能力，好在現在資訊發達，我可以從別人所傳遞的訊息中獲得有益於自己進展的資料。

蒂娜：

這也是一種方式，資訊的發展是依人類的進展而展開的，至少你已進展到可以理解這些資訊的階段。當銀河中心啟動時，意味著這漫長的進展方案的歷程已到了尾聲。從現在起到 2012 年止，將是一個難以忘懷的時段，運用我們的心智是我們原本就已具有的能力。現在我們只需要識別，並熟練地運用較高次元的頻率。

博納：

是否透過「行星課程」的習修，我們便能熟練運用較高次元的頻率了？

蒂娜：

我相信整套「光的課程」是為這目的而為我們設計。至於能不能達到具備這種能力，則在於個人的因緣。話說回來，由於銀河中心與宇宙中的其他的星球是連接的，我們的心智與銀河中心也是連接的；也由於我們是可以相容所有頻率的物種，來自其他次元的存在們便能將他們的意識與我們的意識融合，協助我們渡過這進展的過程。

博納：

所以透過課程，我們與上師們融合以渡過這進展的過程，我想這之中，便具有所謂的「上師相應法」的含義了。

蒂娜：

　　上師們一再告訴我們要「與多次元的自我 Multi-Dimensional Self 融合」，我想含有東方人追求「天、地、人合一」的意思。昴宿星團也說，瞭解九個次元的本質，並與所有次元融合，將有益於我們的提升。

博納：

　　嗯，因此透過光的運作以及與上師們的融合，去感受較高次元的頻率，讓每一次元的頻率都與我們的神經系統共振是很重要的。

蒂娜：

　　在我們結束漫談九個次元之前，我希望大家理解到，我們說了這麼多，只為了讓大家從另一個角度來理解那「多次元的自我」；運用觸類旁通的方式，來體悟「所有的次元都存在於我們之內」，因為內在心靈的整合才是我們在這進展階段中關鍵性的重點。

博納：

　　理解了，我們所談的一切只是一種知識性的擴展，要獲得真正的提升與轉化，還是在於向自己的內在探索，提升自己的思想、意識與頻率。

光的課程資訊中心

光的課程資訊中心網址： http://www.courseinlight.info

　　光的課程資訊中心網站，是爲了讓習修光的個人與團體，在課程之餘，能得到更多的釋疑與資訊分享；內容除了介紹《光的課程》外，在「**問答集**」單元中，可以讀到同學們習修過程中所提出的問題與討論。

　　爲提供相關性的補充資料，網站開闢了一個「**博納與蒂娜**」的單元，在這園地中，編輯部的成員們，將他們在探索過程中的對話與心得，整理出來分享給大家。雖然他們探索的主題是嚴肅的，但他們的對話是輕鬆幽默的。他們的探索從人類如何圓滿三度空間的生命，至多重宇宙次元的生命爲何與我們息息相關，使我們的思想與意識隨著他們的探索而提升。我們相信無論是初級與行星級次的習修者，皆可從這些精心整理的資料中擴展心靈與視野，讓習修的過程更加堅定與順暢。

　　網站亦不定期增添新的資料，若你希望在新增資料的同時獲得即時消息，請與站長聯絡

　　網站聯絡信箱：service@courseinlight.info

光的課程系列簡介

光的課程系列 I－光的課程一～四課本

《光的課程》純然是一套心靈成長的課程，它不是探討深奧的邏輯或學術的課程，它是一套需要在「開啟自己內在能量的運作中」真實地面對自己，瞭解自己，以便邁向更高靈性進展的課程。

新紀元運動的主旨在於幫助我們理解自身的神聖性與宇宙的多元性，進而與宇宙共同創造美好的生命表達。這一切由「你創造你的實相」的理解開始，也就是佛學中所言的「一切唯心造」。因此，要創造一個美好的外在生活，首先要創造美好的內心世界。然而，知識的認知僅是一個開始，要具體實踐，往往需要一個學習的工具，並在切實習修與生活的體驗中互相映證。純粹談理論，是無法體驗，也無法實踐的。學習《光的課程》，能幫助習修者一步一步地創造自己理想的外在生活，也能開啟自己內在生命的智慧與力量，達到改變內在心靈與外在生命品質的圓滿目標。

光的課程系列簡介

光的課程系列 II－行星課程一～三課本

　　行星課程是一個深入自己內在心靈之核心，使自己的意識在提升中，邁向神性自我的靈修過程。在行星一的級次中，我們學習如何建立一道光的彩虹橋，並經由這道彩虹橋，更深入內在較高次元的行星中心之天使次元。而依上師們所傳授的法來修持，我們得以將這較高次元的頻率與意識，帶入身體及地球層面的生命體驗中。行星二與行星三的級次，整套課程很有次第地，逐步傳授我們，如何運用各種不同光的能量架構，更重要的是通過靜心冥想與訊息的形式，指導我們正確地理解與認知人類與地球之間的關係，人的思想意識與宇宙之間的關係，以及宇宙意識與我們地球人類的關係。

光的課程系列簡介

光的課程系列 III－行星課程四～六課本

　　系列三是行星四至行星六的級次。是入門的中級教材。在這三個級次中，我們學習以各種光的頻率，來架構各個能量磁場，在這一系列中，光的金字塔是主要的能量架構。因為整個宇宙的能量，都是由幾何形體的架構所構成。經由這金字塔的光之載體，人類的意識與頻率便得以從一個階段提升到另一階段。在這一系列的三個級次中，我們被引導朝著比潛意識更深的意識層面，即內在靈魂起因體的層面，去洞察自己。事實上很多同學發現，當自己在誠摯與信賴中一個級次一個級次走下去時，隨著心識的擴展，自己的覺知力，感受力與內在知曉逐漸增強。但也知道自己尚有許多需要成長與完善之處。因此，有些同學在逐步修完整套課程之後，返身再重複學習，也有人在繼續學習後面級次的同時，一邊複習前面的級次。無論是那一種方式，很多人發現再次走過時，自己像是進入一個全新的課程般地有著全然不同的領悟。似乎在淺顯文字背面所蘊含的深沈智慧，此時方能真正體悟。

光的課程系列簡介

光的課程系列 Ⅳ－行星課程七～九課本

　　系列四是行星七至九的系列，能使習修者可以依這法門繼續深入自己的內在核心，體驗更微細的轉化。行星七級次中的圖形與密碼，以曼陀羅的形式，直接在我們整個存在中注入（infusion）光的語言。這些圖形是光的晶體形態，是靈魂與心靈的語言，它使思想開始顯現它的純淨與本質。是與其他生命直接溝通的一種通道。行星八帶領我們深入理解自己靈魂起因體中的意識活動，與自己這一生外在生命所顯現的一切事物的因果關係。因此行星八是經由多次元的啟動，而產生的一種加速清理的內在運作。使我們得以從因果的束縛中解脫，並能自由地探索我們的靈魂意願，與在這一生真正所要創造的，進而使我們更能創造我們所要表達的機會與能力。行星九的設計是拙火的啟動，拙火是人類本質中的正面能量。它使怠滯的能量轉動起來，使隱藏卻又需要表達的情緒感受浮現出來。在光的途徑上，開啟拙火是自然現象，它是靈性旅程中一個重要的部份。這是一股靈魂或心靈本質的生命勢能。

光的課程系列簡介

光的課程系列 Ⅴ－天使課程一～三‧單子能量

天使次元是光的活動次元，也是使治癒具體實現的次元。

語言無法全面解說在這層面上所發生的事物之本質。

療癒與恢復的內在殿堂，存在于較高的天使次元中。

當一個存在掌握了身體、乙太星光體與理性思想意識之後，便開始向天使層面的表達進展。

天使聖團的淨光兄弟們存在於這層面。他們是一些已從因果的束縛中解脫出來的存在。

淨光兄弟的上師們，可以運用他們的智慧與頻率帶領我們走過內在的旅程與外在的表達。

但是，做為一個個體存在，必須具備掌握自己在物質次元之事物的能力，並且必須能克服因果的束縛，同時熟悉乙太星光體的層面。

進展是個人的旅程，每一個能達到掌握自己的身體、心智與靈魂的人，要進入天使次元都是受到歡迎的。

天使次元的運作，將使我們放下二元性的思想，真正領悟「一」的含義，並與之融合。

光的課程 課外讀本 系列簡介

書名：課外讀本系列 1－向光打開

向光打開為讀者在個人的轉化上提供了一個清新的觀點

這本書在 TONI 覺醒的過程中

交織著安德魯深邃的智慧

上師安德魯是基督的門徒

他觸及所有閱讀這本書的人

讀者的心靈將因他的觀點而擴展

許多讀者從中理解到 TONI 如何治癒自己身心的病痛

這本書記總能在您最需要的時候觸動您

書名：課外讀本系列 2－智慧的河流　如蓮的喜悅　合訂本

　　《智慧的河流》將「新紀元運動」在日常生活中的實踐要訣，以及它所發揮的驚人效應，以淺白而不失優美的方式闡述出來。

　　如果您展開身心靈的修持與療癒，想瞭解生命真義，進而創造理想生活模式及人際關係《智慧的河流》是一本理想的入門書。

　　繼《智慧的河流》之後，《如蓮的喜悅》更進一步地闡述恢復並擴展生命活力的實踐要訣。生活篇與療癒篇皆深入淺出地陳述了在療癒過程中，身體與心靈是如何地息息相關。讓我們體悟人與宇宙之間的關係，從而發現一個光明喜樂的新天地。

書名：課外讀本系列 3－漫談宇宙次元

　　我們所置身的銀河星系，是一個包含著十個次元的智慧體系，與我們相關的一切事物都在九個次元中相互交錯地表達著我們這個銀河星系中的一切，因此我們自身便具備了九個次元的一切元素、一切智慧。

　　當我們投生地球時，我們的感知、覺受都在由地心向上延伸至銀河中心的中軸上，這軸承在古老的文化中常被稱為生命樹，沿著這軸承我們的意識在九個次元中上上下下、來回往返。

　　光的課程的設計就是要幫助我們重新恢復對九個次元的認知與應用，上師們一再告訴我們要向多次元的自我打開。漫談宇宙次元將帶領我們探索宇宙次元架構，從靈性的角度探索宇宙真知。

書名：課外讀本系列 4 - 光的彩虹橋

　　入門者的磁場，在頭頂上方六吋的地方，有一束向上通往天空，向下進入地心的光束。這道光束，象徵性被稱為「彩虹橋」，它是一座銜接個性自我與較高層面之意識的橋樑。當這座橋被建立起來，它將一切意識，無論是物質層面或精神層面的意識都帶入至高的實相中。

　　上師們在行星課程中，要我們從頭頂上方靈魂體的中心點開始，建立一道光的「彩虹橋」，進入內在的較高次元。事實上，這座「彩虹橋」本來就存在的，「建立」只是一種語言的表達，意思是要我們認知這座光的「彩虹橋」，經由它，進入與上師們一起學習與治癒的殿堂。

光的課程 課外讀本 系列簡介

書名：課外讀本系列5－入門　古埃及女祭司的靈魂旅程

「入門」不僅是一本極具啟蒙性的自傳小說，也因它交織著二十世紀的歐洲生活，與古埃及廟宇中的玄秘教導，使這本書在迷人的故事中隱含著令人驚歎深省的故事，作者透過這些故事，巨細靡遺地描繪了自身靈魂旅程的生命經驗。

這本書描述一個在古埃及時代的廟宇中習修密法的年輕女子，如何在大祭司普塔霍特普的指導與協助下，在宇宙真知中逐步展開對靈性的認知。作者 Elisabeth Haich 深奧的內在洞見，貫穿在書中所描述的微妙的輪迴與因果，以及個人生命的選擇與靈性的進展之中。Elisabeth Haich 所分享的，在任何一個時代中，都只是少數追尋者所探索與交流的。然而，她的分享卻喚醒許多讀者向內在的靈性本質覺醒，無論外在生命呈現著什麼樣的形式，這種覺醒是通往明心見性不可或缺的要素。

生活在二十世紀的歐洲，她透過成長過程與戰爭的經歷，以及親友間不尋常的際遇，展現了向內探索，以及運用生命中所發生的每一事物來擴展意識的力量。

「入門」這本不朽經典，以現代語言啟發全世界這一代，以及未來幾個世代的靈性探索者。無論是將它當成一本揭露奧祕真理的自傳小說，或者是為了一窺 Elisabeth Haich 獨特的入門旅程，它所帶給讀者的影響都是深遠的。

讀者將在這本書的閱讀過程中，成為入門的一部份。

國家圖書館出版品預行編目

博納與蒂娜. 一, 漫談宇宙次元 / 光的課程資訊中心
編輯部編譯. -- 修訂一版. -- [臺北市]：光的課程資訊
中心出版：秀威資訊科技發行, 2019.04　面；　公分.
-- (光的課程課外讀本系列 ; 3)
POD 版
ISBN 978-986-85917-6-9(平裝)

1.超心理學 2.靈修

175.9　　　　　　　　　　　　　108007045

光的課程課外讀本系列 3

博納與蒂娜（一）：漫談宇宙次元

編　　譯 / 光的課程資訊中心 編輯部
出 版 者 / 光的課程資訊中心
　　　　　《光的課程》中文網站：www.courseinlight.info
　　　　　服務信箱：service@courseinlight.info
　　　　　《光的課程》英文網站：www.courseinlight.net

法律顧問 / 毛國樑　律師
印製發行 / 秀威資訊科技股份有限公司
　　　　　114 台北市內湖區瑞光路 76 巷 65 號 1 樓
　　　　　電話：+886-2-2796-3638　傳真：+886-2-2796-1377
　　　　　http://www.showwe.com.tw
劃撥帳號 / 19563868　戶名：秀威資訊科技股份有限公司
　　　　　讀者服務信箱：service@showwe.com.tw

初版：2008 年 10 月
POD 修訂一版：2019 年 4 月
定價：550 元

讀 者 回 函 卡

感謝您購買本書，為提升與學員之間的交流，請填妥以下資料，將讀者回函卡直接寄回或 E-mail 至資訊中心網站，收到您的資料後，我們會主動分享資訊中心的最新講座與聯誼活動消息。歡迎您上網查詢光的課程資訊中心的出版書目與訊息，並透過網站與我們討論習修此課程的心得與問題。

中文網站 http:// www.courseinlight.info

英文網站 http://www.courseinlight.net

您購買的書名：＿＿＿＿＿＿＿＿＿＿＿＿＿＿＿＿＿＿＿＿＿

出生日期：＿＿＿＿＿＿年＿＿＿＿＿＿月＿＿＿＿＿＿日

學歷：□高中 (含) 以下　　□大專　　□研究所 (含) 以上

職業：□製造業　□金融業　□資訊業　□軍警　□傳播業　□自由業

　　　□服務業　□公務員　□教職　　□學生　□家管　　□其它＿＿＿＿

購書地點：□網路書店　□實體書店　□書展　□郵購　□贈閱　□其他

您從何得知本書的消息？

　□網路書店　□實體書店　□網路搜尋　□電子報　□書訊　□雜誌

　□傳播媒體　□親友推薦　□網站推薦　□部落格　□其他＿＿＿＿＿＿

您對本書的評價：（請填代號　1.非常滿意　2.滿意　3.尚可　4.再改進）

　　封面設計＿＿＿　版面編排＿＿＿　內容＿＿＿　文／譯筆＿＿＿　價格＿＿＿

讀完書後您覺得：

　□很有收穫　□有收穫　□收穫不多　□沒收穫

對我們的建議：＿＿＿＿＿＿＿＿＿＿＿＿＿＿＿＿＿＿＿＿＿

11099 台北郵局 109-928 號信箱

光的課程資訊中心　收

......

（請沿線對折寄回，謝謝！）

姓　　名：＿＿＿＿＿＿＿＿＿　年齡：＿＿＿＿　性別：□女　□男

郵遞區號：□□□□□

地　　址：＿＿＿＿＿＿＿＿＿＿＿＿＿＿＿＿＿＿＿＿＿

聯絡電話：(日) ＿＿＿＿＿＿＿＿＿　(夜) ＿＿＿＿＿＿＿＿＿

E-mail：＿＿＿＿＿＿＿＿＿＿＿＿＿＿＿＿＿＿＿＿＿